実務が必ずうまくいく

特別活動主任の仕事術 55の心得

橋本 卓也 著
Hashimoto Takuya

明治図書

「特活主任を任されてしまった。これは一大事だ!」

この本を開かれている方の多くが,そう思われているのかもしれません。私もかつてはそんな悩みを抱えていた1人でした。

そもそも特別活動とは何でしょう。

あえて言うなら「国語や算数などの教科等の授業ではない時間を通しての学習」でしょうか。学校生活の中でいわゆる授業ではない時間というと,朝の会や帰りの会,中休みや昼休み,給食や掃除,運動会や音楽祭,入学式や卒業式など,あげるときりがないほどたくさんの時間や場面があります。もちろん,これに加えて,年間35回(1年生は34回)の学級活動の時間もあります。

その主任を担うわけですから,確かに生半可な覚悟では務まりません。しかし,特活主任として過ごす日々は,きっとご自身のキャリアの中でも忘れられないものとなるはずです。

しかし,特活主任という役割にどうかおびえないでください!

特別活動には教科書が存在しません。なぜなら,私たちが特別活動の教材として扱うのは,身の回りの生活そのものだからです。

そう考えると,学校生活の中でうまくいかないことや困ったこと,よりよくしていきたいことがあるから,特別活動の学習が生まれるのです。

「困ったなぁ,どうしたらいいんだろう」
「もっとみんなの笑顔を生み出すためには,何ができるのだろう」
「今のままでもいいけれど,せっかくだから何か特別なこともしたいな」

子どもたちが学校生活の中から諸問題を見いだし，自分たちの生活を彩っていく活動にどんどん参画していく。そして，問題の解決のために，自分や友だちの力を使って歩んでいく。

　そんな子どもたちの姿を間近で見守っていくのが特活主任の役割と考えると，何だか楽しくなってきませんか。

「なすことによって学ぶ」
　これは特別活動にとっての大切な指導原理です。

　そしてそれは，子どもたちへの指導原理としてだけではなく，私たち特活に関わる大人の学び方としても大いに参考になるはずです。

　さて，この本では，私が特活主任として歩んできた様々な足跡を紹介しています。決してここで紹介されているやり方が正解というわけではありません。ご自身の学校の状況や子どもたちの姿を思い浮かべながら読んでいただき，特活主任としての実践に向かうための一助になれば本望です。

　そして，実態に合った形で実践を改善していき，よりよいものとしていってください。
「うちの学校では，子どもたちとこんなことまでできたよ！」
　そんな声が聞こえてくることを心より願っています。

2023年1月

橋本　卓也

Contents

コラム 特活主任こそ低学年の担任を！──72

第4章 運営委員会を動かす

コラム 願わないことは叶わない！──86

第5章 異年齢集団活動を動かす

第1章
学校全体を見渡す

Chapter 1

1 全体計画から特別活動の ミッションを捉える

 特別活動の全体計画や各活動及び学校行事の年間指導計画に, 各校での特別活動に与えられたミッションが明らかになっている ことが大切。

☑ 特別活動の意義とねらいを確かめる

　特別活動の全体計画や各活動及び学校行事の年間指導計画は, 都道府県や市町村などの自治体レベルで, フォーマットが作成されているでしょう。そして, そのフォーマットに, 学校教育目標をはじめとする各校の実態を加えていき, 極めて具体的に "何ができるようになるのか" "どのように学ぶのか" "何を学ぶのか" を明らかにしていくのが特活主任の大事な仕事です。

　さて, 2020年度に完全実施となった学習指導要領は "生きる力─学びの, その先へ" と銘打たれ, これからの社会がどんなに変化して予測困難な時代になっても, 自ら課題を見つけ, 自ら学び, 自ら考え, 判断して行動し, それぞれに思い描く幸せを実現してほしい, という願いが込められているそうです。なんだか特別活動を通して育みたい子どもの姿そのものにも思えてきませんか。それだけ特別活動には期待されるものも大きいのではないかと思います。

　おそらく, すでに各校でつくられている全体計画や年間指導計画も, 新学習指導要領に則ったものになっているはずです。多くの先生がこれらを目にするのは学校経営計画の更新のときだけ, なんてこともあるかもしれません。しかし, 校内の特別活動を司る主任としては, それではいただけません。**立てた計画は折に触れて見直していくことが大切**です。

☑ 困ったときに立ち返るための全体計画をつくる

　学校教育目標を頂として，各教科との関連の中心に特別活動の重点目標が示されている。これが一般的な全体計画の姿でしょうか。さらに，中学校ブロックでの小中一貫教育の視点や GIGA スクール構想からの ICT 教育との関わりもあるかもしれません。

　様々な形があれど，ここで大切なことは，**特別活動に関わる教職員の先生方がこの全体計画を見たときに，指導の重点目標と方針，そして評価の在り方について理解して，同じ考えのもとに指導に携わることができる内容であるかどうか**ということです。

　なぜなら特別活動は，学級活動，児童会活動，クラブ活動，学校行事と，その指導の機会と場が多岐に渡ることから，ほとんどの教職員が指導にあたる必要があるというだけでなく，教職員間で連携や協力を図りながら指導にあたる必要があるからです。

　そのためにも，一貫した学校観や子ども観，指導観が全体計画に表れていなければなりません。

　活動ごとのねらいや指導の方法，子どもの発意・発想を生かして創意工夫を行っていきたいこと，様々なことを構想したり，推し進めたりしていく中で，必ず念頭に置かなければならないこと。それが，全体計画です。

　みなさんの学校の全体計画は，特別活動に託されたミッションが見て取れるものになっていますか。

心得
1

全体計画や年間の指導計画をただのお飾りにしてはいけない。なぜその1枚がつくられ，なぜその1枚が引き継がれるのか，肝に銘じてその作成と活用に取り組んでいこう。

2 今年度の活動から 成果と課題を見いだす

 CHECK 学校の特色や時代の流れを吟味して創造していく学校行事。
どんな行事にも込められた思いや願いがあるもの。
その実現のためには，大胆さと細心さが必須。

☑ ふりかえりは即集約，即反映

　学校で行われる教育活動には，実施の回数や期間について，様々なものがあります。日々の授業であれば，形成的評価を積み重ねていきながら，授業改善を目指していくことができます。

　しかし特別活動では，入学式，卒業証書授与式，運動会，学習発表会，全校遠足などをはじめ，その活動の重要度が高いにもかかわらず，前の年に見つけることができた成果や課題が生かしづらいものもあります。そのときの不易と流行や，関わる教職員の想いを考慮するにしても，前の取組でのふりかえりを生かさないことはありえません。ふりかえりの集約と計画への反映は，記憶が新しいうち，活動が終わったすぐ後に行うのがよいでしょう。

　ふりかえりの集約は，書きやすさと集めやすさが両立していることが望ましいです。私は以前は紙ベースで行なっていましたが，このごろは教職員用のグループウェアを活用しています。また，全校的な行事であれば，集約の期間を先延ばしにして定めるよりも，当日の片づけ作業の後に，ふりかえりの時間を設けてもらう方が，集約と反映の精度が高くなります。教務の先生や行事担当の先生と調整をして，よりよい集約の仕方を模索していけるとよいでしょう。

☑ いつでもバトンを渡すことができるように

「この行事は，橋本先生でなければできなかったねぇ」

　行事が終わった後にこんな労いの言葉をかけられると，これまでの苦労が報われる気持ちになるものです。しかし，それと同時に，もっとたくさんの先生方の力を借りていれば，もっとうまくいったり，思いもしない成果を生み出したりしていたかもしれない，と振り返ることもあります。

　学校の先生たちの業務分掌は，得てして，それぞれの担当者にその役割が集中していて，個人の裁量や権限で物事を進められることがほとんどです。しかし，周囲がその進捗や状況を把握できておらず，新年度の人事異動や急な担当者の変更があると，途端に行事の推進が行き詰まってしまうことがあります。これらを，業務の"属人化""ブラックボックス化"といいます。

　こんな状況を打開するには，業務の標準化を目指して，次年度の提案書類を前年度のうちに作成しておいたり，フローチャートを活用して，その役割や手順を明確にしておいたりする必要があります。

　「そんな大それたことは難しいのでは…」という声も聞こえてきそうですが，だからこそ，**できる限り無駄をそぎ落として，ねらいに向けた直球ど真ん中の活動を計画，運営していくことが必要になってくる**のではないでしょうか。

　仕事上手は引き継ぎ上手。持続可能な行事の実践を目指すことが，今ある活動を特色ある学校行事へ昇華させていくことにつながっているのです。

心得 **2**

おわりは，はじまり。活動を終えてほっとするのはまだ早い。爆速で次回のスタートを切るためにも，次に使うときのことを考えて片づけをしっかりと行い，徹底して丁寧な活動のたたみ方を。

3 ガントチャートで 年間のタスクを見える化する

CHECK

見通しをもって指導にあたることが特活の最優先事項。
そのためには，各々の役割を細分化して見える化することが大事。
そうすると，互いに声をかけ合って補い合えるようになる。

☑ まずは全部，洗い出す

前年度の資料はあるものの，担当者が代わると手順や期日などがわからなくなってしまったり，明文化されていない要点がすっかり抜けてしまったりして，指導の最中に困ったことが起きてしまうことがあります。

そこで，**特活部が年間を通じて携わる行事や活動を洗い出し，さらに文書の作成や提案，調整や全体への周知などを一覧にして見える化**します。

そうすることで，４月の校内での役割分担はもちろん，その後，年間を通して，特活部員が互いに声をかけ合って，助け合い，補い合うことができるようになります。

☑ ガントチャートとは何か

ガントチャートとは，1910年代にアメリカのガントが考案したことで知られています。現在でもプロジェクトマネジメントの重要なツールとして様々なところで取り入れられています。**プロジェクトの計画や実施を視覚的に行い，その進捗を記録していくことができます。**

"経済や工業の世界の能率化のためのシステムや考え方を上手に取り入れていけば，教育の世界の業務改善にも役立つはず！"というものの筆頭格ではないかと思います。

2022年度 特活部年間ガントチャート		4月				5月				6月				7月				8月			
		1	2	3	4	1	2	3	4	1	2	3	4	1	2	3	4	1	2	3	4
ア	代表委員会								■												
	職員会議説明						■		■	■											
	原案作成							■		■	■										
	原案説明会								■		■	■									
	代表委員会だより									■		■	■								
	6年生Out・3年生In										■	■									
イ	委員会活動	■	■	■	■	■	■	■	■	■	■	■									
	担当者アンケート配布	■																			
	担当者決定	■																			
	5・6年生の定員決定	■																			
	5・6年生の所属決定	■																			
	カード作成・印刷・配布		■																		
	委員会掲示板整備	■																			
	委員会ファイル整理	■																			
	評価名簿作成	■																			

　ガントチャートを作成するためのアプリやウェブサービスはたくさんあります。しかし，学校現場で活用していくことを考えると，私はExcelでの作成に落ち着きました。**次の担当者が活用していくことも考えると，資料づくりの際には，つくりやすさと扱いやすさを考慮しなくてはいけません。**

　特活主任として，4月の顔合わせの前にたたき台をつくっておきましょう。あとはメンバーと意見交換しながらチャートの微調整をして完成です。チャートの色をメンバーによって変えると，さらに視認性もアップします。

心得 3

仕事の分担やスケジュールを見える化すると，だれにとっても安心。特に，年間の行事や活動の見通しをもたなければならない特活主任や特活部のメンバーは，自分なりの見える化を大切にしよう。

4 職員室に児童会活動の 年間活動計画の見通しを掲示する

 CHECK 児童会活動は，教師の適切な指導のもと，自発的，自治的な活動を展開させていきたい。そのためには，教師からの事前の種まきやしかけをするための時間の"ゆとり"が欠かせない。

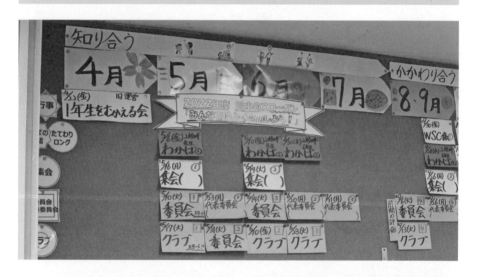

☑ 先が見通せることの安心感

　全国どこの小学校でも，職員室の中で先の予定を見通すことができるのは，ホワイトボードや黒板，電子掲示板を活用したもので，それも大体ひと月先程度までではないでしょうか。委員会活動やクラブ活動，集会活動や異年齢交流活動の予定を見落としていて，直前になって気づいて慌てる，といった光景は職員室でのあるあるでしょう。そこで，**職員室の壁面を利用して，特活部が中心となって運用する掲示板を設けてみる**のはどうでしょうか。

☑ 何気ない会話から生まれるもの

　このアイデアは，もともと教室で学級活動の１年間の活動計画を掲示していたことから始まりました。教室では，この掲示を眺めながらこれまでの活動を振り返ったり，これからの活動への展望を考えたりしながら学級活動に参画している子どもたちがいました。子どもたちだけでなく，そこに私も交じって，これまでのことやこれからのことを語り合えたことは，子どもたちとともに学級を彩っていくことに大きく役立ちました。

　学級づくりにこれだけの効果があるものならば，学校づくりにも役立てることができるのではないだろうか。そう思い立って管理職の先生から職員室内の壁面使用の快諾を得ると，すぐに準備に取りかかりました。

　職員室内の様々なものが DX 化されていく中で，最もアナログな手法をとるこの年間計画ですが，その効果と持続性は想像以上のものでした。"児童会活動が学校をつくっていくのだ"という共通意識が職員集団に生み出されただけでなく，**掲示の担当者が代わっても長く引き継がれていく取組**になりました。

　「今度の集会，○○委員会だね。どんなことをやるの？」

　「委員会が近づいてきたから，そろそろ委員長と打ち合わせをしたいな」

　「縦割り活動で"高め合っている姿"ってどんな姿だろう？」

　そんな先生たちの何気ない会話から，様々な児童会活動のきっかけが生まれ，子どもたちへの指導に生かされていったことはいうまでもありません。

心得 4

魅力ある全校での活動を子どもと大人とで生み出していく過程を通して，子どもたちの成長を願い育んでいくのが児童会活動の醍醐味。様々な試行を繰り返せるだけの余白は，大人にも子どもにも必要。

5 学級活動年間指導計画のたたき台を提案する

CHECK 年間指導計画には，その発達段階で育てたい資質・能力と合致した具体的な学習の計画が記されている必要がある。
主に学校行事などを中心に据えながら組み立てていこう。

☑ 意図的・計画的であるもの

○○小学校　第1学年○組　○○級　学級活動年間指導計画　　　　　　　　ver. 2022

	知り合う				関わり合う				認め合う・高め合う		
	4月	5月	6月	7月	8・9月	10月	11月	12月	1月	2月	3月
特別活動を通して身に付けたい資質・能力	○ 友達と活動に取り組むことの楽しさ ○ 約束や決まりを守ることの大切さ ○ 資料や教師の助言から自分の課題を見付ける力 ○ みんなで話し合って合意形成や意志決定をする力 ○ めあてに向かって約束やきまりを守って活動に取り組む態度 ○ 学級をよくするために自分ができることに取り組もうとする態度				○ 活動のめあてがあること ○ よりよい生活を送るための行動の仕方 ○ 話し合いたいことを見付ける力 ○ 健康・安全な生活を送ろうとする態度 ○ 自分の役割を理解して合意形成や意志決定したことに取り組もうとする態度				○ みんなで決めたことを実践することのよさ ○ 話合い活動の役割 ○ 健康・安全な生活を送ろうとする態度 ○ 友達と一緒に仲良く楽しく活動しようとする態度		
（1）学級や学校における生活づくりへの参加											
（2）日常の生活や学習への適応と自己の成長及び健康安全	イ みんなとなかよし エ たのしいきゅうしょく	ア じぶんのもちものをたいせつに	ウ よりよいあいさつ、よいへんじ	ウ てあらいじょうずにできたかな	ウ 学校のいきかえり	ウ よりよいあいさつ、よいへんじ		イ たのしくあそぼう	エ しょくをきれいにかたづけよう		
（3）一人一人のキャリア形成と自己実現	ア たのしいがっこう	イ おそうじがんばろう			ウ たのしいがくしゅう						ア こんなことができるようになったよ
児童会活動 クラブ活動 委員会活動	始業式 入学式 1年生を迎える会	春の全校たてわり活動 感謝の会 すくすく会議	開業記念式 感謝の会 すくすく会議	大掃除	こども会議 WSC		秋の全校たてわり活動 学校保健委員会	人権週間 ドリーム学習発表会	すくすく会議	児童引渡し訓練	AETお別れ会 ありがとうパーティー 6年生を送る会 卒業証書授与式 修了式・離任式
関連する教科等	【国語】【算数】【生活】【音楽】【図工】【道徳】【外国語】	【国語】【算数】【生活】【音楽】【図工】【道徳】【外国語】	【国語】【算数】【生活】【音楽】【図工】【道徳】【外国語】	【国語】【算数】【生活】【音楽】【図工】【道徳】【外国語】	【国語】【算数】【生活】【音楽】【図工】【道徳】【外国語】	【国語】【算数】【生活】【音楽】【図工】【道徳】【外国語】	【国語】【算数】【生活】【音楽】【図工】【道徳】【外国語】	【国語】【算数】【生活】【音楽】【図工】【道徳】【外国語】	【国語】【算数】【生活】【音楽】【図工】【道徳】【外国語】	【国語】【算数】【生活】【音楽】【図工】【道徳】【外国語】	【国語】【算数】【生活】【音楽】【図工】【道徳】【外国語】

　"○○計画"と呼ばれるものが数多くある中で，教科等の1年間の学習計画を網羅した学年暦があるのと同じように，特別活動にも"学級活動年間指

導計画"というものがあります。みなさんの学校ではどのように生かされているでしょうか。

　さて，前項で扱った"年間活動計画"が子どもと大人とが共有してつくりあげていくことができるものであるとするならば，こちらの**"年間指導計画"は特活部が作成して，学級担任が手の内に携えながら指導に役立てていくもの**であるという違いがあります。

　おおまかな作成の仕方は次の通りです。

①学年ごとの"特別活動を通して身につけたい資質・能力"を明らかにする。

②学校行事や学年行事，児童会活動のスケジュールに応じて，意図的・計画的に，学習指導要領の学級活動の内容"(2) 日常の生活や学習への適応と自己の成長及び健康安全"と"(3) 一人一人のキャリア形成と自己実現"を配置する。

③"(1) 学級や学校における生活づくりへの参画"は，それぞれの学級の担任と子どもとが創造的に作成できるよう，空欄にしておく（昨年度の実践の足跡を例として残すのもよい）。

心得 5 特別活動を通して身につけさせたい資質・能力を身につけさせるには，子どもにとって最も身近な集団となる学級の活動の充実が必須。そのための仕組みづくりにも気を配ることを忘れずに。

6 キャリア・パスポートの活用を推進する

CHECK 現行学習指導要領では，特別活動がキャリア教育の扇の要であることが明記されている。学校全体をあげて推進していくためにも，スケジュールやワークシートを整備していこう。

☑ 扇の要としての役割を自覚する

　学校教育全体を通して行うキャリア教育の要となるのが特別活動です。これはつまり，子ども自身がこれからの学びや自己の生き方を見通し，これまでの活動を振り返るなど，教育活動全体の取組を自己の将来や社会づくりにつなげていけるようにするための役割を特別活動が担うということです。現行学習指導要領において，学級活動の内容 "(3)一人一人のキャリア形成と自己実現" が新たに設けられたことにも，その期待が表れています。

　この学級活動(3)においては，学校での教育活動全体や，家庭，地域での生活や様々な活動を含め，学習や生活の見通しを立て，学んだことを振り返りながら，新たな学習や生活への意欲につなげたり，将来の生き方を考えたりします。

　こうした活動を行うにあたって，そのツールとして示されたのが "キャリア・パスポート" でした。**教師の適切な指導のもと，各教科等の学びと特別活動における学びとを往還しつつ，振り返って気づいたことや考えたことなどを子どもが記述して蓄積するもの**です。

　"これまでの教育活動に，また新しいものが…" という懸念もあるでしょう。しかし，年間でＡ４サイズ５枚以内の蓄積に収めることや，すでに行事等で行われていたふりかえりシートをそれにあてることができることも示

されています。

☑ 文科省の例示資料をフル活用する

　キャリア・パスポートを蓄積させるファイルなどは自治体にごとに定められて，各学校に配当されているケースが多いようです。しかし，キャリア教育に関わる活動について，学びのプロセスを記述して振り返ることができるシートは，文科省による例示※を基にして，地域や学校の実態に応じて柔軟にカスタマイズしていくことが必要です。

　作成・修正するにあたって留意する点があります。それは，**持続可能な様式・項目である，ということ**です。文字で記述されることが望ましいものではあっても，4月当初の1年生に記述式のシートは妥当ではありません。また，家庭（保護者）の記入欄や担任の先生の記入欄が用意されている場合もありますが，年に5回程度であったとしても，大きな負担となります。さらに，学年，校種を越えて持ち上がることが求められているため，小中ブロックの近隣校と取り組み方のすり合わせを行うことが大切です。

　さて，昨今，1人1台のICT機器の導入も進んでいます。キャリア・パスポートも写真や動画を活用したビデオログに置き換わっていくのでは…，なんて夢を膨らませてしまうのは，私だけでしょうか。

※文部科学省HP「『キャリア・パスポート』例示資料等について」
　https://www.mext.go.jp/a_menu/shotou/career/detail/1419917.htm

心得6

子どもたちにとって，学校は社会の縮図。そんな小さな社会の中で，自分のよさや能力を生かして過ごそうとしていける環境を整えていく。その最後のピースが，キャリア・パスポート。

7 特活だよりで Tokkatsu の エッセンスを伝える

 CHECK 特別活動を推し進めていくためには，共通理解が欠かせない。Know-Why と Know-How とその両方が伴うことで，子どもたちへの指導と支援が本領を発揮する。

☑ さらけ出す，そしてさらけ出す

「国語のこの単元，どうやって進めていきますか？」「体育の場の設定，どうしますか？」なんて話はよく職員室で聞かれるものです。学年の先生方と話し合うこともあれば，その教科等の主任の先生に相談に行くことだってあります。しかし「委員会活動の所属の決め方ってどうするといいですか？」「運動会に向けての1時間目のオリエンテーションはどうやっていますか？」なんて話は，あまり聞かれることがありません。

もちろん，それらの一つひとつを確かめながら指導を進めていくことはなかなかできません。先生方は，日々の授業の準備や児童指導，校務分掌に追われています。よりよいあり方を目指すことまで手が回らず，これまでの経験や前例に頼ってしまうことも少なくありません。それならばせめて，特活主任を任されている立場として，何かできることはないものでしょうか。

それは，自分の実践をオープンにしてさらけ出すことです。実践の幹や枝葉となっている部分は，まわりからも目に見えてわかるかもしれません。しかし，**実践を支える根となるところ，目には映らない実践の目的や動機はなかなか伝わりません。**自分のもつ考えやそこに至るまでの背景も含めて，教職員の先生方に伝えていくためにも，折に触れて"特活だより"を発信してみるのはどうでしょうか。

☑ 話題と流行を生み出す

　職員室の机上やレターケースに配る，特活だより。手に取って紙面に目を落としてくれている方がいたり，書かれていることで気楽に会話をしてくれている方がいたりするとうれしいものです。"1人の100歩よりも100人の1歩"とはこのことをいうのでしょうか。決してそこに書かれていることが正解である必要はなく，**みんなで立ち止まったり議論したりするためのきっかけとなればそれでよいのです。**

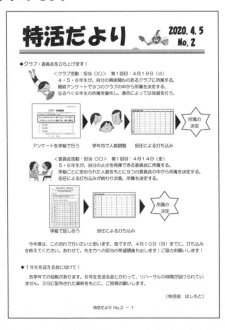

心得7　特別活動の推進は，特活部やその主任だけで取り組むものではない。学校全体の特活"観"をアップデートしていくためにも，聞いて，聴いて，訊いて，利いて，効いていこう。

【イラスト出典】
・イクタケマコト（2015年）『カンタンかわいい　小学校テンプレート＆イラスト
　CD－ROM付　低・中・高学年すべて使える！』p.24，56，80（学陽書房）
　※掲載にあたっては，著者権者の許可を得ています。

仲間を生かせるかどうかは
主任次第!

　突然ですが,みなさんはどんなタイプの主任(≒リーダー)ですか。

　もし答えにくかったら,少し別のことを聞いてみましょう。みなさんはどんなタイプの主任(≒リーダー)がよいと思いますか。

　実は,私は仕事を人に頼むのが苦手で,"やり方や要点を時間をかけて説明するなら自分でやろう"と考えてしまうタイプの人間です。自分の思い通りに進められるし,微妙なさじ加減もできる。確かに,自分にできる仕事はどんどん増えていきます。しかし,それでは人も環境も育たない。学校という組織にとっては,あまりよい働き方とは言えないのかもしれません。

　さて,人にはそれぞれ発揮しやすいリーダーシップのあり方があるものでしょう。しかし,どのようにリーダーシップを発揮しようとも,周囲の仲間(≒フォロワー)からのフォローがあってこそ,歯車がかみ合うということを忘れてはいけません。

　世の中には完璧な人間なんていないでしょう。だからこそ,補い合い,励まし合い,高め合っていこうとするのです。それは,リーダーもフォロワーも。だからこそ,相手へのリスペクトを欠かさず,常に感謝の気持ちをもち続けることが,人との関わりの第一歩になるのかもしれません。

　読者のみなさんは,特活主任としての仕事に,この上ないやる気と崇高な思いをもっていると思います。しかし,校内の特別活動のすべてをその肩に担うつもりでいるなら,その考えは今ここに置いていってください。

　安心して助けてもらいましょう,頼れる仲間たちに!

第2章

代表委員会を動かす

Chapter 2

8 行事や活動に合わせて 議題を配置する

 行事や児童会活動に臨むにあたって生じる困り感や問題。
それらを全校に周知して解決していこうとするのが代表委員会。
先を見通して議題を配置できると，ゆとりが生まれる。

☑ 活動と議題のマンネリ化を防ぐ

　代表委員会であげられる議題は，毎年同じようなものになりがちです。な
ぜなら，その行事や児童会活動を担う子どもたちや委員会担当の教職員が，
前回（前年）からの成果や課題を引き継ぐことができておらず，毎回ゼロベ
ースからのスタートとなってしまっているからです。それを解決するために
も，特活部で行事や児童会活動の詳細と反省を引き継ぐことの大切さは前章
でお伝えした通りです。

　また，特活部と行事や活動の担当者の先生との間で，代表委員会の議題に
上げる日程やおおまかな内容も検討しておけるとよいでしょう。代表委員会
で扱いうる議題は，全校での活動があってこそ生じるものです。そうやって
**あらかじめ議題の配置を確認することは，自ずと１年間の行事や児童会活動
の流れとその内容を精選していくことにもつながります。**

　そして，代表委員会を毎月行ったとしても，年に10回開催できるかどうか
の回数しかありません。また，昨今は授業時数の確保の観点から，放課後に
45分間の時間を設けて行うのではなく，休み時間に行われる学校もあると聞
きます。回数と時間を十分に確保できない中での実施だからこそ，いっそう
の中身の充実を図っていく必要があるのだと思います。

☑ あえて議題の空白を設ける

　スケジュールに空白があるとつい埋めたくなってしまうのが，人の心でしょうか。年度のはじめに議題の募集をしてもすべての日程が埋まらず，先生方にお願いをして回ることも特活部あるあるかもしれません。結局，児童会活動を主で動かす運営委員会（私の自治体ではこう呼びますが，みなさんのところではいかがですか）がいくつもの議題を引き受け，代表委員会の運営以外にも大きな負担を強いてしまうことがあります。

　しばしば，すべての委員会に児童会の集会活動の運営，もしくは代表委員会への提案を義務づけている場合もあると耳にしますが，あまりおすすめはしません。子どもたちに自発的，自治的な活動の展開を願っているのですから，指導にあたる先生方にその時機まで強いることはしたくありません。はじめのうちは，ぽっかり空いた穴のように，子どもたちからの主体的な活動や議題は起きないかもしれません。しかしそれは，子どもたちがまだ経験に乏しいからです。では，どうしたらよいか。

　それは，子どもたちの活動経験の蓄積と意欲の創出を願いながら，先生提案の集会活動や代表委員会の議題に取り組ませればよいのです。もちろんそのすべてを私たちが担う必要はありません。そこに興味を抱いたり，参画を希望したりする子どもたちがいれば，もちろんウェルカムです。そうやって，子どもたちをどんどん巻き込んでいき，その渦を大きくしていって，よいところで手放せばよいのです。**子どもたちの成長段階を見取りながら，中長期的に子どもたちを育てていければよいのです。**

心得 8

　"自分たちの学校は自分たちでつくっていくんだ" という思いが，議題を生み出していくもの。行事や活動にどれだけ子どもたちを巻き込んでいけるか，その実態が議題に表れる。

9 子どもの思いを生かした 切実感のある議題を見つける

"これを話し合わないと前には進めないよ！"
そんな切実感や必要感のある議題にはめったに出合えないもの。
子どもも大人も目の色が変わるような議題を追い求めて…。

☑ 子どもの柔軟な思考を引き出す

これまでのことを
ふりかえってみよう。
今回はどうして
いきたいかな？

よかったことは
そのまま続けたいね。
もっと全校のみんなを
まきこむためには…。

高学年のわたしたちに
とっては問題なさそう
だけれど，低学年の
友達にとっては…。

　子どもたちが十分に活動経験を積み重ねていること，その行事や活動への意欲や責任感をもっていること，これらが欠かせないことはすでに述べたとおりです。また，教職員間で活動について十分に吟味しておくことも欠かせません。しかし，大人が鼻息の荒い様子では，子どもの自然な思考と関わりを生み出すことはできません。

　心は熱く 頭は冷静に。**子どもたちに向けて，「さて，どうしようか？」と余裕をもって投げかけていきたいもの**です。

子どもも大人も余裕をもって取り組んでいくには，試行錯誤のためのある程度の時間的ゆとりがあることや，前回のふりかえりが集約してあって子どもも大人もその情報にアクセスできることが大切です。また，準備を進めていく途中で，低学年の先生や子どもたちへのリサーチも計画しておけるとよいでしょう。自分たちの楽しい学校生活をつくるために，高学年のお兄さんやお姉さんが中心となって活動していることを知り，それらに楽しみながら参画していこうとするのも，低学年の子どもたちにとっての大切な学びの機会となります。

　こうして試行錯誤を重ねながら計画を進めていると，全校のみんなで共通理解をしたり，問題解決を図ったりする必要があることに出合うことができます。**それこそが代表委員会で取り上げて，全校で話し合うに値する議題**となるのです。

　さて，代表委員会を終えた後のふりかえりで「今日みんなで話し合ったことを全校のみんなでやれるのが楽しみです」といった声が聞かれたり，行事や活動を終えた後のふりかえりで「代表委員会で話し合って解決したことを活動に生かして，もっと楽しいことができてよかったです」といった声が上がるようなら，話合いの意義は十分にあったと言えるでしょう。活動の意義だけでなく，話合いの意義もつかむことができた子どもたちは，次の代表委員会への希望をもつことができるからです。

　代表委員会には，そんな魅力が詰まっているのです。

心得
9

子どもたちにとって，代表委員会が学校生活上の諸課題を解決できる魅力ある場所であるという見方が獲得できるようにしていきたい。よい活動がよい話合いを生み出し，よい話合いがよい活動を生み出す。

10 教職員間で次の議題への協力体制をつくる

この議題で何を考え，どう方向づけてほしいと願うのか。
教職員の大人たちには，その過程や決定を見守り，尊重する姿勢
が欠かせない。焦らず，慌てず，ドンと構えておきたい。

☑ "子どもファースト" の想いがあればこそ

　代表委員会で取り上げる議題を，どのように全校に周知しているでしょうか。私が経験してきた中で一番多いやり方は，代表委員会が行われる１週間ほど前に，参加する当該学年と委員会代表の子どもたちが児童会議室やホールに集められ，そこで原案書の配付と同時に内容の説明をする，というやり方です。

　子どもたちへの周知の仕方としては，このやり方で支障はありません。その後は，説明会に参加した子どもたちが教室に戻り，朝や帰りの会の時間にクラスに報告，簡単な議論をしてクラスとしての意見をまとめて代表委員会に参加する，というものです。

　しかし，ここで省かれてしまっているのが，**教職員への周知という視点**です。私はかつて，この教職員への周知をおろそかにしてしまったことで，さらなる失敗を招いてしまったことがありました。それは，各クラスでの事前の話合いがねらい通りに行われず代表委員会でも話合いの収拾がつかなくなってしまったこと，代表委員会の場で１つの方向性にまとまりつつあった流れを大人からの懸念の発言で止めてしまったことです。

　児童会活動や代表委員会が，子どもたちの発意と発想を生かしたものであり，のびのびとした姿を目指すのであれば，それを見守る教職員の大人たち

には，原案に対する共通理解と，話し合われることへの受け皿がなくてはいけません。

☑ 職員会議で原案の共通理解をする機会を設ける

そこで私は，教務主任の先生と相談をして，毎月行われる職員会議で，次の代表委員会の議題や原案についての共通理解を図る時間を設けてもらうことにしました。時間にして，わずか5分ほどしかかかりません。提案する委員会を指導する先生から原案の概要を伝えていただき，そこで質疑応答も行います。

この取組によって，代表委員会のあり方を大きく変えることができました。特活部と提案担当の先生との協力はもちろん，**まわりの先生方ともオープンな情報共有がなされるようになったことがその理由**です。代表委員会の原案を各クラスで事前に話し合ったとき，担任の先生からのさりげないフォローがあったことが代表委員会での子どもの発表から伺えました。

また，提案する委員会だけでなく，広報活動を担当する委員会の先生と委員長の子どもが事前に原案について話し合い，全校への活動の周知や盛り上げ役に名乗り出てくれるなど，委員会同士の連携を生み出すことにもつながりました。

心得
10

児童会活動や代表委員会に子どもを巻き込むには，まずは大人から。
事前の了解と承認があるからこそ，話合いの自由度が保証される。
"一緒にやりましょう，お願いします！"の気持ちを欠かさずに。

11 低・中学年の思いを話合いに生かす

代表委員会は，全校に関わるはかりごとを立てる場所。
話合いに参加する上級生たちが，いかに下級生たちのことに思い
をはせることができるかがポイント。

☑ 下級生たちの思いを汲み上げるには

高学年の子どもたちは，自分たちで考えて想定したことなら，大体のこと
は実行してみせることができるでしょう。しかし，低・中学年の子どもたち
もその輪の中に入れて取り組もうとするとき，どうしてもそこに違いや差が
生まれてしまい，全校での活動としての成立が難しくなってしまうことがあ
ります。誤解を恐れずに言えば，**代表委員会での話合いは，そんなギャップ
に目を向けて話し合うことが大切である**ということです。

さて，そんな話合いの核心に迫るために欠かせないのが，当事者となる
低・中学年の思いです。この活動について，どのような気持ちをもっている
のか，どうなったらよいと願っているのかということです。

もし，高学年の子どもたちが，かつて自分が低・中学年だったころのこと
を振り返って「自分が前に経験したときには…」と，こんな発言があったと
したら。これは，自分の活動経験を基にして語っている証拠です。

さらに，提案者となる子どもや，児童会活動を推進する中心となる運営委
員会の子どもが，事前に低・中学年の教室にリサーチをしていて「〇年〇組
の〇〇さんが話してくれたのですが，…」と，こんな発言をすることができ
たら。"児童会活動は全校のみんなでつくり上げていくんだ"という気持ち
の表れであるだけでなく，その見事な行動力に拍手を送るばかりです。

☑ 低学年の担任の先生を代弁者にしてもよい

　みなさんの学校では，代表委員会を参観しに来てくれる先生はどれくらいいますか。代表委員会が設けられている時間など，それぞれの自治体や学校の実態によっての違いもあるかもしれませんが，私が年度のはじめにお願いしていることは「各学年から最低でも1人の先生は見に来てください」というものです。

　なぜなら，代表委員会という場を知ってほしい，参加している子どもたちへのフォローや励ましをしてほしい，ここで得られた話合い活動の指導のエッセンスを学級に持ち帰ってほしい…などという欲張りな思いがあるからです。それに加えて，低・中学年の担任の先生へは，**教室の子どもたちの代弁者になってほしい，それが難しくとも，その先生のメガネを通した活動に対する見え方の意見を述べてほしい**という思いもあります。

　そして，代表委員会の始まる前に，来ていただいている低・中学年の先生には「途中，意見が求められる場面もあるかもしれません。そのときには…」とお願いをしておきます。また，司会と副司会を担う子どもには，「下級生たちでも問題なく活動できるか，という話題になったら〇〇先生に目配せしちゃってOKだよ」と，やはり事前に伝えておきます。

　「そんなのは出来レースだ！」なんてご意見もあるかもしれません。子ども同士の話合いの場で教職員が発言することへの賛否もあるかもしれませんが，この場合は，私は非常に有効で，必要な手立てであると思っています。

心得 11　代表委員会では，できる限りの不安や心配をなくすことが大切。全校での活動でだれに不安や心配が生じやすいかを想像し，下級生の立場に立って考えようとする気持ちを欠かさないようにしたい。

12 司会グループへの事前の指導を行う

 CHECK 司会グループの役割は，話合いの交通整理をすること。
クラスや委員会からどんな意見が出るのかリサーチして，本番での時間配分や要点を確認しておこう。

☑ 原案説明会からの1週間が勝負

　代表委員会が行われる1週間前に，全校に向けての原案説明会を行います。ここから本番に向けて，司会グループの"司会，副司会，黒板・ノート記録"に取り組む子どもたちへの事前指導が始まります。すでに学級会での経験を積み重ねている子どもたちであれば，自然と彼らの方から打ち合わせの提案をしてくることもあるかもしれません。そうでない場合には，これまでの活動経験を振り返りつつ，"本番で困らないためにはどんなことを事前に確かめておくと安心かな"といった声かけをして，子どもたちの必要感と切実感を生み出しながら進めていけるとよいでしょう。

　もちろん，司会グループへの事前指導，特に司会と副司会の役割の子どもたちへのマニュアルや話型の提示に懐疑的な意見があることも知っています。しかし，いくら子どもたちの自然なよさや考えを引き出すためとはいえ，ゼロベースで本番を迎えることには，私はいささかの不安があります。建設的な話合いの進行と方向づけがその目的だからではありません。来たる話合い活動に向けて，**子どもたちが今の自分にできる計画や準備に取り組んだうえで本番を迎えるということが，成長の実感と次への抱負を抱く一番の道である**と信じているからです。段取りの大切さに気づいた子どもたちは，どんどん自ら走り出していきますよ。

☑ 使えるものはどんどん手渡していく

司会と副司会の子どもたちとは，まず司会者のマニュアルを共有します。以前は話合いの展開に応じてめくって進めていく紙芝居形式のマニュアルを手渡していましたが，この頃は，PDF データのマニュアルを iPad で共有することがほとんどです。そして，各クラスからの意見を集約していきながら，どんな意見が出ていて，どのように扱っていこうとするのかの"作戦"を立てていきます。このときに，**提案担当の子どもたちや先生方も巻き込めるとさらによい**でしょう。

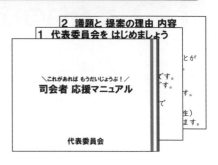

黒板記録の子どもたちとは，各クラスからの意見を集約しながら，黒板に貼るための短冊づくりを行います。クラスから出てくる賛成や反対，修正意見の要点をつかんでまとめておくことで，話合いの中で発言があったときに，すかさず黒板に貼っていくことができます。

6-1 原案通り
6-2 原案をよりよくするためのプラスの考え方
6-3 原案を考えてみて分からなかったこと

また，ノート記録の子どもたちとは，各委員会の委員長に，全校にお知らせしたいことはないかなどのリサーチを行います。委員会担当の先生と委員長とが，お知らせについて話し合うきっかけを生み出すこともできます。

心得 12

段取り八分の仕事二分，本番に向けての下準備を大切にしよう。
司会グループの子どもたちがその力や持ち味を十分発揮できるように，グループの一員としてできる限りのフォローをしていこう。

13 話合いでは子どもたちと 話合いの行く末を見守る

 CHECK 子どもが困っていると，つい手助けをしたくなってしまうもの。どこでどんな手助けをするのか，指導をする教職員同士で役割を決めておいたり，事前に子どもたちに伝えたりしておけるとよい。

☑ 指導者としてのあり方が表れる先生のふるまい方

　代表委員会の指導に限らず，日々の授業や指導の場面での先生の言葉や佇まいには，その先生の授業観や指導観が表れるものです。それは，子どもたちが自治的に取り組んでいる話合い活動の場面でも同じと言えます。話合い活動が，子どもたちに委ねられた活動であるといっても，すべてを手放していすに座っていればよいわけではありません。子どもたちの十分な成長から，1年間の最後には，そんな時間があってもよいかもしれません。もしくは，子どもたち自身に課題に気づいてほしいという担任の強い願いから，あえて助け舟を出さない一時的な場面としてならありうるかもしれません。

　しかし，代表委員会は，活動経験や風土が異なる様々な学年やクラスの子どもたちが一堂に会して行われる，ある意味で特殊な学びの場です。しかも，学期ごとにクラスから参加する代表者が代わるという場合もあるでしょう。

　つまり，話合い活動への参加の仕方や心構えを代表委員会で学ぶ機会は，子どもたちにとっては本当にわずかな回数と密度しかないということです。それを踏まえたうえで，どのように子どもたちの話合いの行く末を見守っていくのか。それは，**指導する大人もチームで臨むこと，そして指導が必要な場面では努めて明るくオープンに立ち入ること**です。

☑ 大人もチームで臨む

　みなさんの学校では，代表委員会の指導を，1人ではなく複数人で行うことができていますか。これまでの私の勤務校では，幸い，特活部のメンバー複数人で指導にあたることができています。司会グループの子どもたちそれぞれの役割ごとに指導する人数がそろっていれば申し分ありません。大人も，自分が指導する範囲が限られていれば，余裕をもって見守ることができます。しかし，場合によっては，1人でこれら全部の指導にあたらなければならない場合もあるでしょう。そんなとき，みなさんならまずどの役割のフォローを優先しますか。ちなみに，私なら黒板記録です。

☑ 努めて明るくオープンに立ち入る

　話合い活動の中で，司会の子どもたちに，小さな声でこっそりとアドバイスをする先生をよく見かけます。多くの面前で指導を受けることになる子どもの心情に配慮してのことだと思います。しかし，ただ結論を出すことではなく，**合意形成の過程で生じる困り感からどう解決に向かっていけばよいのかということにこそ意味がある**と考えます。そこで，私は「もし"自分たちの力では難しいな"と思ったら，いつでも呼んでね。先生もみんなが困っているなって思ったら手をあげちゃうよ。あと，司会の友だちにアドバイスをするときも，教室のみんなに聞こえるように言うね。だっていつかみんなが司会者になったときに，役立ててほしいから」と，先に宣言しています。子どもたちの肩の力がスッと抜けていきますよ。

> **心得 13**
> 代表委員会を通して話合い活動を学び，教室の場面に生かす。
> また，学級会を通して話合い活動を学び，代表委員会の場面に生かす。
> そんな学びの往還の輪を目指して，代表委員会をデザインしよう。

14 話合いの結果や委員会からの お知らせを周知する

☑ 代表委員会のお知らせを最速で子どもたちへ

第 9 回　　代表委員会だより

1 月 13 日に話し合ったこと

議題 ☆6年生を送る会で行う、
よびかけの言葉のテーマを決めよう

内容 ☆決まったこと！

　　1年生：ペア活動

　　2年生：運動会などの行事

　　3年生：委員会活動

　　4年生：クラブ活動

　　5年生：リーダーのひきつぎ

☆おねがい！
会の1週間前にリハーサルを
行います。それまでに学年で
よびかけのれんしゅうも進めて
おいてください。

委員会からのお知らせとお願い

生き物委員会	花びらをとじこめたしおりづくりを休み時間に行っています。ぜひきてください。
運営委員会	次の代表委員会は、1年のふりかえりです。楽しかった活動を考えておいてください。
運動委員会	寒いときこそ校庭で体を動かしてみませんか？ミニオリンピックかいさい中です！
環境委員会	ペットボトルキャップをつかったアートを行っています。いっしょにやりましょう。
給食委員会	この1年間で、牛乳パックの開け方がとても上手になりました。みなさんありがとう。
広報委員会	みなさんの教室に1年間をふりかえるインタビューをしに行きます。お楽しみに！
集会委員会	クラスでの最後の集会の計画をはじめていますか？おすすめのレク、教えちゃいます。
図書委員会	生き物委員会さんでつくった花びらのしおり、使うなら、ぜひ図書館へ！
放送委員会	リクエストのあった放送室ツアーをやっちゃいます！ぜひ来てくださいね！
保健委員会	最近、けがで保健室にくるお友達が多いようです。ろうかは歩く！わすれずに。

この代表委員会だよりを書いたのは、6 年 1 組 橋本 ひなた です。

　上の内容は，代表委員会だよりの一例です。他にも，翌日のお昼の放送や
朝会などで，口頭で伝えるやり方も考えられます。さらに ICT を生かした
方法としては，全校の子どもたちが所属するクラスルームにお知らせを配信

するなども考えられます。とにかく，**情報は鮮度が命**です。

　ところで，なぜ代表委員会の話合いの内容だけでなく，"（各）委員会からのお知らせとお願い"の欄を設けているかわかりますか。これには，代表委員会にそれぞれの委員会の委員長が参加している理由と関係があるので，ここで少し触れておきます。

　例えば，運営委員会の委員長として代表委員会に参加している，6年1組の橋本さんがいたとしましょう。このとき，代表委員会で発言をする橋本さんは"どんな立場"でモノを言うことが必要になるでしょうか。そうです。橋本さんが「私は，…」と話し出すとき，"私は≒この学校の運営委員会で委員長を務めている私の立場から考えると"という意味合いでの発言が求められます。学級会はもとより，代表委員会という場では，より公的な立場を意識して子どもたちには参加をしてほしいと思うものです。そう考えると，**自分の委員会とは直接関わりのない児童会の活動に対しても"自分の委員会ならこんな協力ができるよ""ここには少し無理があるんじゃないかな"と，そのフィルターを通して考えることができる**わけです。そういった考え方や見方を促す意味でも，この委員会からのお知らせとお願いの欄は，私にとって欠かせないわけです。

　とはいえ，ここでお知らせしたい内容については，担当の先生と委員長の子どもとの間で自由に考えてもらってよいと思います。必ずしも提案の議題や活動に沿ったものでなくて構いません。今，一番全校の友だちに知ってほしいことをのびのびと伝えてほしいと思います。

心得
14

話合い活動は，活動全体の中の一部に過ぎない。
始まる前の準備と同じくらい，終わった後のしまい方に手を尽くそう。
そこでも子どもたちの力を引き出すことができればさらによし。

15 1年後の代表委員会を見据える

CHECK 構成する子どもたちのメンバーが入れ替わることから，
毎年ゼロスタートになりやすい代表委員会での学び。
代表委員会のレベルを上げていくためには，何ができるだろう。

☑ 子どもも大人も心に残るエピソードから学ぶ

　これまでに関わってきた代表委員会を振り返ると，様々な場面での子どもたちの姿が思い出されます。子どもたちと深く関わり，より多くのことを指導する立場であったため，手立ての至らなさで子どもを苦しませてしまったやるせなさや，思いもしない子どもの成長を目の当たりにできた喜びなど，本当に多くのことを味わいました。そのどれもが，今の私の実践に結びついていることは言うまでもありません。

　おそらく，私のように体験したことを深く感じて，心が動かされたことが学びとなって蓄積されていくのは，子どもも同じだと思います。目の前のことがただ淡々と流れていき，なんの心の揺らぎも感じない時間であっては意味がありません。代表委員会という場でも，話合い活動を通して心が揺らぎ，自分の課題や成長を発見できる喜びを味わえる場であることを目指していかなければなりません。

　私が以前担任したある子どもは，本来自分のやりたかった役割ではなく，代表委員会に参加するクラス代表の役割になりました。はじめのころは，自信のない顔で参加して，ただ時が過ぎるのを待っているだけのようでした。しかし，上級生たちの話合いに臨む姿から得るものがあったのでしょう。そのふるまい方をだんだんと取り入れていった彼は，次第に自信も身につけて

いったようで，はじめのころとは見違える姿になっていきました。年度が替わった翌年の代表委員会。なんと，彼がまたクラス代表として席に座っていたのです。しかも今度は自信に満ちあふれた様子で。

　そこで私は聞いてみました。「どうして今年もやろうと思ったの？」と。すると彼は「だって，話合いをしている上級生の姿がかっこよく見えたから。先生も応援してくれていたし，学級会でも話合いの練習がたくさんできたし。それで，今年もやろうと思ったの」と教えてくれました。きっと彼の心の中にも，心に残るエピソードが生まれていたのですね。私はうれしくなりました。

　たしかに，代表委員会の指導は簡単ではありません。しかし，**自分1人の力や他の教職員の力だけでどうこうしようとするのではなく，代表委員会という場がもっているもっと大きな力を使って子どもたちを育てていければ，それでよいのです。**

　私は，代表委員会の先生の話のタイミングで，しばしばこんなことを伝えています。「ここにいるみんなに感謝したいです。なぜなら，他の友だちは下校して習い事や遊びなど，自分のことに時間を費やしている中で，みんなは学校のために時間を費やしてくれているからです。そこで，せっかく参加しているなら，ここにいるみんなにとって『いてよかった』と思える場所と時間になってほしいと私は願っています。そのためにできることを考えていきましょう。そして，ここで挑戦してみたことを，ぜひ自分の教室での話合いでも生かしてみてください。きっといいことがあるはずですよ」と。

心得
15

代表委員会で子どもが育ち，子どもが代表委員会を育ててくれる。
子どもに対して謙虚さと感謝の気持ちをもてることが最初の一歩。
代表委員会の場では，子どもと大人は学校を築いていく同志になれる。

いい議題？
悪い議題？

　代表委員会の指導をしていると，悩みは尽きないものです。次の予定が近づくと，お腹が痛くなってくる。これは，特活主任なら，だれもが経験したことがあるのではないでしょうか…。

　"次の提案の委員会はもう動き始めているかな？"

　"どんな内容の原案を立てて提案してくるかな？"と。

　子どもたちの入れ替わりはもちろん，委員会担当の先生も替わってしまうと，前年度の活動での成果や課題が引き継がれていないことがあります。そこで，特活主任として，自分の担当する委員会だけではなく，全校の活動を俯瞰して見ておくことで，活動の改善はもちろん，代表委員会への提案にもその気づきを役立てることができるのではないでしょうか。

　さて，提案者の子どもが原案を考える前に，やはり特活主任と委員会担当の先生との間で"原案の原案"を考えておく必要があると思います。その際に大切にしたい視点に，次のようなものがあげられます。

　・提案する委員会の裁量を超えた，全校で話し合うに値するものか。
　・これまでの活動経験を基にして，提案を図ることができているか。
　・どのような決定になったとしても，教職員が対応できるかどうか。

　その他にも，承認するだけの議題ではないか，カリキュラムや予算を圧迫するものではないか，などの視点は欠かせません。

　子どもも大人も「話し合ってよかった！」「話し合ったことをやってよかった！」と言える活動や議題を目指したいものです。

第3章

委員会活動・クラブ活動を動かす

Chapter 3

16 活動の設置には 子どもの思いを生かす

委員会もクラブも，子どもたちの発意と発想を生かしながら組織づくりをしていけると，活動の充実にもつながる。
学校や子どもの実態に合わせたよりよい方法を目指そう。

☑ 組織づくりにも子どもが参画できる余白を残す

　みなさんの学校では，委員会とクラブの組織づくりはどのように行われていますか？　毎年大きく変更するのは，教職員の指導体制を確保する意味でも，あまり現実的ではないかもしれません。かといって，数年の間ずっと変わらずにあり続けるというのも，思考や活動のマンネリ化を引き起こすことになりかねません。きっとクラスの担任をしている先生なら，4月の学級開きの中で「今年の当番活動や係活動について考えたい，という意見がありました。みなさんも賛成ですか？　ところで，これまでどんな取組をしていたのか，先生に教えてもらえませんか？」と投げかけるはずです。当番活動はもとより，そのクラスに必要な係活動の枠組みがすでに先生によって決められていて，あとは人数の枠に合わせて子どもたちが所属を決めるだけ，なんてことは絶対にありませんよね。教室にとっての係活動が大きくなったものが学校にとっての委員会活動であると考えると，やはりその活動の設置にも，**子どもたちが参画できる余白**があってもよいかもしれません。

　クラブ活動でも，同様のことが言えます。かつて，クラスの子どもたちに，今あるクラブにこだわらずにどんなことがみんなとできたらいいかを尋ねてみたことがあります。するとどうでしょう。本当にバラエティに富んだ様々な意見が上がり，盛り上がったことがあります。子どもたちなりに，学校に

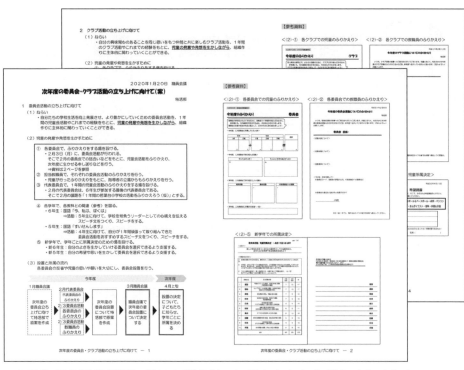

ある物品や活動場所に思いを巡らせているあたりにも驚かされました。

　さて，新年度になってから新しい委員会とクラブの設置を立ち上げようとするのはいささか現実的ではありません。**年が明けた1月ごろから，教職員間での打ち合わせを経て進めていきましょう。**その中で，今ある活動のふりかえりを丁寧に行うことや，子どもたち同士での呼びかけ，代表委員会での決定などのプロセスを歩むことができるとよいでしょう。

心得 **16**

児童会活動やクラブ活動も，学級活動の延長線上にあると考えよう。ここでも子どもたちのこれまでの活動経験や発達段階に合わせて，学びの機会を設けることが大切になる。

17 委員会への所属決めは丁寧に行う

委員会への所属の決め方は，本当に多種多様。
年度はじめのトラブルや困りごとを極力回避することと子どもの
主体性を尊重することとのバランスを目指そう。

☑ 委員会活動が学校をつくるという思いをもつ

委員会活動に対して，子どもたちがどんな気持ちをもって臨んでいるかは，それまでの児童会活動や学級活動での経験の蓄積によるところが大きいでしょう。右の資料は，委員会活動にはじめて参加することになる5年生を対象にして作成した"委員会活動　アイデアノート"の1ページ目です。

1　委員会活動で楽校づくり

さぁ、高学年といえば、委員会活動！

でも、委員会活動ってかならずどこかに入らないといけないし、

「なにをすればいいの？なにができるの？」

とりあえず今までやっていたことをまねしてみるか、

上級生や先生が言うことを聞いてやればいいか！

・・・ではつまらないよね

学校をよりよくするためにある委員会活動は、

社会をよりよくするためにある会社や企業、ボランティア活動から

活動のヒントをもらうことができるよ！

さぁ、委員会活動で楽校づくりに挑戦だ！

-1-

まずは，なぜ委員会活動が学校に必要なのか。どうして上級生たちが力を合わせて取り組まないといけないのか。そういったことが子どもたちの腑に落ちてから，委員会活動への所属の話が動き出します。いきなり決めようとしてはいけません。**丁寧なオリエンテーションを行うことが欠かせません。**

☑ 自分の長所や持ち味を生かせる場を見つける

　活動が表立って目立ちやすいものに希望が殺到し，じゃんけんや抽選でどうにか決まった後は人数の枠が残っているところへ移動して…，なんてやり方をよく目にします。しかし，自分の希望通りにならず，不平や不満を漏らしたり，しまいには泣き出す子どもが出たりと，年度の当初から高学年担任の先生の頭を悩ませる1つとなっていることもあるでしょう。

　できることなら，私は学年ごとに一斉に集まれる体育館などで学年主任の先生によるオリエンテーションなどを済ませた後に，その場で所属の決定へと移っていくのがよいと考えます。なぜなら，ここで子どもたちへ委員会活動に取り組むことの価値について語ることがとても大きな意味をなすと思うからです。"なぜ委員会活動が学校にあるのか" "人のために働くということ" "これまでの係活動や当番活動での経験を生かしてほしいこと" "自分のよさや長所が生かせる場を選んでほしいこと"などです。

　そして，設置される委員会とおおまかな人数の枠，それぞれの委員会で生かせる力（例えば，生き物委員会なら，生き物を愛する気持ち，観察力，利他の心）を伝えたのち，自分の長所と持ち味，それらが生かせる委員会を3つほど考えてもらいます。このとき，付箋やワークシートに書かせてもよいですね。あとは，コーンなどを目印に，希望する委員会の集まるところを設けて先生たちもフォローに入りながら調整を繰り返していきましょう。次第に，おおまかな人数の枠に合うようになっていくはずです。ここで大切なことは，**人は自分で決めたことになら責任をもつことができる**ということです。

心得
17

所属を決める時間から，委員会活動の学習は始まっている。
なぜ決めるのか，どうやって決めるのか。子どもたちと確かめながら
進めていくことができれば，幸先よいスタートを切ることができる。

【イラスト出典】
・イクタケマコト（2015年）『カンタンかわいい　小学校テンプレート＆イラスト
　CD－ROM付　低・中・高学年すべて使える！』p.75（学陽書房）
※掲載にあたっては，著者権者の許可を得ています。

18 クラブへの所属決めに 成長の機会を設ける

CHECK クラブ活動は，自分と同じ興味・関心をもつ仲間と，充実した活動を築き上げていこうとする中で成長することを願って行われる。所属の決定にも成長のための機会を設けたい。

☑ 大人ができること，子どもでもできること

みなさんの学校でのクラブ活動の所属の決め方は，どのような方法でしょう。設置されるクラブが決定した後，アンケートに希望するクラブを第3希望ほどまで書かせ，担任や特活部が人数の枠に合わせて調整を行う，という決め方が多いのではないでしょうか。

ここで大切なのは，**活動を設置するにあたって子どもたちの思いを汲み取る場を設けること**です。そして，**所属の決定にあたっても，子どもたちに委ねる余白があらかじめ設計されていること**です。

呼びかけのポスター

設置するクラブの希望　　　　所属するクラブの希望

☑ "この指とまれ方式" で子どもとともに決める

"この指とまれ方式" は，**所属の決定を目指す過程を子どもたちと共有して，みんなが納得できて後悔のない決め方を学ぶ機会を設けるための方法**です。考えてみれば，子どもたちは，休み時間のたびにだれと何をして過ごすのかの折り合いをつけながら自分の居心地のよさを探しています。そんな延長線上にクラブの所属決定の学びの場があるとしたら，最終決定を先生が担うのはなんとも合わない話です。

"この指とまれ方式" のやり方は次の通りです。４月の１回目のクラブ活動は，体育館などクラブ活動に参加するすべての学年の子どもたちが集まれる場所で行います。まず，特活部のクラブ担当の先生から，クラブの目的や設置候補のクラブと成立の条件について伝えます。条件は，すべての学年がいないと成立しないことなどがあげられます。それから子どもたちは，手持ちの紙に，どれに決まってもよい複数の希望を書きます。そして，移動の１回目を行い，希望するクラブごとに集まります。頃合いを見て移動を区切り，特活部を中心に，調整が必要なところを検討します。１回目の移動結果を伝えたのち，移動の２回目を行います。困っている子どもたちへは学年の先生方やまわりの先生方にアドバイスに入っていただきながら，調整を繰り返していきます。所属するクラブが確定したところで名簿に名前を書きます。最後に，クラブ決めのふりかえりを行い，よい話合いの様子を認め合って終了です。

心得 18

所属を決める時間から，クラブ活動の学習は始まっている。
なぜ決めるのか，どうやって決めるのか。子どもたちと確かめながら
進めていくことができれば，幸先よいスタートを切ることができる。

【「クラブ　希望調査」中のイラスト出典】
・イクタケマコト（2015年）『カンタンかわいい　小学校テンプレート＆イラスト
　CD－ROM付　低・中・高学年すべて使える！』p.27（学陽書房）
　※掲載にあたっては，著者権者の許可を得ています。

19 意図とねらいをもって 委員会・クラブの担当者を決める

CHECK 子どもの所属決め以上に気をつかうのが教職員の担当の決定。"とりあえずこれまでの流れを踏襲…"ではなく，明確な意図とねらいをもって決めていこう。

☑ 担当者の決定までの過程をオープンにする

4月になり，新体制でのスタートを切るとき，様々な分掌でメンバーが入れ替わります。この分掌の決定は，管理職の先生によってなされることがほとんどですが，委員会活動やクラブ活動のそれぞれの担当者の決定は，特活部に委ねられていることが多いでしょう。子どもたちが自分の持ち味や興味関心を基に所属を決めていくのですから，大人だって同じように希望を出し合って決めてもよいと思います。

しかし，子どもたちが学習の一環として話合いを経て所属を決めていくのに対して，教職員の所属の決定を会議の時間を設けて決めていくというのはなかなか現実的ではありません。

そこで，アンケートを基に特活部でたたき台をつくって提案させてもらうことを事前に周知したうえで，希望の集約，調整，提案，決定と移っていきます。

このときに欠かせないことがあります。それは，**管理職の先生に委員会とクラブの指導が可能な教職員の先生の確認をすること**です。非常勤や短時間勤務の先生は，指導可能な時間がない場合もあります。また，養護教諭の先生は活動中のケガや事故に対応するため，指導可能な教職員の人数に入れてはいけません。こういった事前の配慮が必要です。

☑ 活動のねらいに沿った人選をする

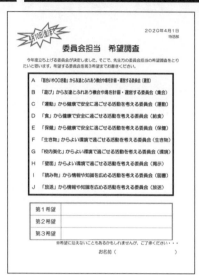

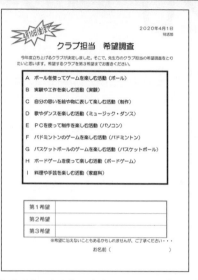

　委員会もクラブも，前年に担当した先生がいれば，安心してその指導をお願いできるものです。しかし，活動のマンネリ化を招いてしまう心配もあります。また，放送委員会であれば情報部の先生には入っていただく，音楽クラブであれば音楽の先生には入っていただく…といったことができると，用具や機器，場の使い方などに長けていて，指導に生かせるメリットがあります。しかし，**指導する大人が長けている分野であればあるほど，大人がその活動をリードしてしまうというデメリットもあります。** そういった様々なことを考慮しながら，最後にはたたき台を出さなければなりません。

委員会もクラブも子どもと大人が両輪となって進めていくことが大切。指導に入っていただく先生方を適材適所で配置し，気持ちよく活動を導いていただけるようお願いしていこう。

20 "足跡カリキュラム"を作成する

CHECK

学校独自の活動を目指していきたい委員会とクラブ。
しかし，はじめての子どもや先生が所属しても，ある程度これま
での取組や時期を把握できるようにしておきたい。

☑ まずは"足跡カリキュラム"を作成することから

2020年度　委員会活動　年間計画まとめ　　　ver 8.7

委員会	めあて	委員長副委員長	担当	知り合う				かかわり合う				認め合う・高め合う		
				4月	5月	6月	7月	8・9月	10月	11月	12月	1月	2月	3月
生き物				＜常時活動＞ うさぎのお世話 ＋ 花への水やり，草ぬき ＋ ウーパールーパーのお世話										
				うさぎのイラストコンテスト		うさんぼたいけんかい！							おし花のしおりづくり	
運営				＜常時活動＞ 児童会活動の推進 ＋ 低学年との交流 ＋ 代表委員会の運営										
				学校マスコットづくり									学校じまん写真大会	
運動				＜常時活動＞ 外遊びの推進 ＋ 運動場，体育倉庫，体育物品の整備										
								ミニオリンピックたんきょり走		ミニオリンピック長縄大会			ミニオリンピックマラソン大会	
環境				＜常時活動＞ 校内環境の整備 ＋ リサイクル品の回収 ＋ 掃除用具の整理整頓										
				グリーンカーテン大作戦				学校ピカピカ大作戦		キャップでへきめんかざり				
給食				＜常時活動＞ 給食後退却作業 ＋ 給食月間の推進										
								楽しい食べ方ハウツー			只つかみでマナーアップ			
掲示				＜常時活動＞ 掲示板の活性化 ＋ 校内美化の推進										
				花火のかざり全校塗りぼ						秋のかざり全校塗りぼ			花からのおどり全校塗りぼ	
集会				＜常時活動＞ 朝の集会活動の運営										
				誰でもできる中間のレクチャー				誰でもできる普通ひるやしょう						目指せ団結クラス対抗レク？
図書				＜常時活動＞ 本の貸し出し・返却作業 ＋ 読書月間の推進										
				楽しいで知る日本昔話						読書すごろく				
放送				＜常時活動＞ お昼の放送の運営										
				1年生へ贈る言葉						放送室探検ツアー		クラスの合種をとどけよう	6年生へ贈る言葉	
保健				＜常時活動＞ 保健室にくる友達への対応 ＋ 清掃用具整頓 ＋ 手指用洗剤のほじゅう										
				意味にできるけがの処置						だれかが… けがしたい!?				

代表委員会	25日(火)	22日(金)		9月14日(月)	19日(月)	24日(月)	14日(月)	25日(月)	15日(月)	8日(月)
集会	11日(月)	8日(月)	6日(月)	9月28日(月)	19日(月)	30日(月)	14日(月)	18日(月)	15日(月)	

学校行事	知り合う			かかわり合う				認め合う・高め合う		
	4月	5月	6月	7月	8・9月	10月	11月	12月	1月	2月	3月
	17日(金)1年生を迎える会		17日(木)授業参観18日(金)すくすく会議		未定(土)知辺子ども会議	WSC30日(金)全校かくれんぼ		7日(月)～12(土)人権週間12日(土)1～6学習発表会	28日(木)すくすく会議	11日（水）！！お別れ会	未定(水)AETお別れ会20日(土)お別れ会・卒業式

50

みなさんの学校には，委員会やクラブの年間指導計画は用意されています
か。また，それらはどのように活用されていますか。そもそも用意されてい
なかったり，なかなか活用されていなかったりすると，いきなり校内で全体
指導計画の推進を始めるのは難しいかもしれません。しかし，異動してこら
れたばかりの先生や，はじめてその委員会やクラブの指導にあたる先生の話
を聞くと，その困り感を話してくれることがあります。また，子どもたちも
この委員会やクラブでどんなことができるのか，活動経験が乏しかったり，
そもそも知らなかったりするところから活動を考えて動き出すのはなかなか
ハードルが高いものです。そこでおすすめしたいのが，**年間指導計画に毎月
の活動の概要を足跡として残していく"足跡カリキュラム"**の作成です。

　"足跡カリキュラム"は，年度のはじめに委員会・クラブ担当の教職員の
先生たちに手渡します。しかし，最初は正確なものでなくて構いません。前
年の活動の中から覚えているものを抜粋してみたり，主任としてこんな活動
があったらよいと思うものを配置してみたりしたものでよいでしょう。そし
て，半年に1回程度，基になるシートへ実際の活動の足跡の打ち込みをお願
いします。はじめはなかなかそのありがたみに気がつかなかったものの，2
年目以降は，これがあることで安心して指導に臨める，という声をたくさん
もらいました。また，実際の活動の引き出しが増えたり，幅が広がったりし
ていくだけでなく，**すべての委員会とクラブの活動項目とその時期が一覧で
わかることで，行事や活動の精選をしていくことにもつながりました。**

　私にとって無理なく持続可能な方法として考えたのが，この"足跡カリキ
ュラム"でした。

あらゆる方法を使って委員会とクラブの活動を見える化していこう。
学校独自の特色あふれる活動を，だれもが指導できるようになったら，
まさに全校をあげて"特別活動"を推進していると言えるはず。

21 評価の観点と方法を整備する

CHECK
委員会とクラブの評価は，その担当者でなければつけられない。指導と評価の一体化を推し進めていくためにも，年間を通した評価の蓄積ができるシステムを整えよう。

☑ 毎月の評価を当たり前に

■ ○○小学校　**運営委員会　指導と評価**　**6 年**

活動のねらい	全校児童のよりよい学校生活や行事にかかわる活動を通して，学校生活を充実させるために，協力しながら，自主的・実せん的に活動することができるようにする。

評価の約束	□毎回の委員会の時間ごとに，評価をする。このときに，常時活動での姿も含めて総合的に評価を行う。□前期・後期ともに評価に○がつく場合のみ，学年末にも○をつける。

身につけさせたい力

ア　知識及び技能
決まったことや初めてに向けて学校全体や自分で進んで取り組むことのよさや大切さ
合意形成したことと学級や学校全体で取り組むことの価値や意義

イ　思考力，判断力，表現力等
自分のよさや経験を活用して，周囲のために多様な仲間と協力しながら，判断し合って活動する力
学校生活をよりよくするために役に立とうで解決できる健康な課題さがす力
学年全体のことを考えながら多様な意見のよさを生かして合意形成する力
同学年の仲間を理解し，支え合って取り組むことのよさと評価や運営の仕方

ウ　学びに向かう力，人間性等
相違を生かして活動し，学校生活をよりよいものにしていこうとする態度
集団の一員としての自覚をもち，多様な他者と協働しようとする態度

評価の観点

ア　知識・技能
みんなと楽しく豊かな学校の生活をつくることの意味や，異年齢集団で意見をまとめる総合い活動の計画的で効率的な進め方，高学年としての役割を理解し，技能を身に付けている。

イ　思考・判断・表現
楽しく豊かな学校生活をつくるための課題を見いだし，リーダーとして力して提供し支えあって進めたり，自己の役割判や権限としてのよりよい解決方法について考えたり，合意形成を図ったり，意思決定をしたりして実践している。

ウ　態度
みんなと楽しく豊かな学校の生活の充実と向上を目指した集団の活動に取り組み，見通しをもったり振り返ったりしながら，信頼し支えあって学校生活をよりよくしようとしている。

月	指導のねらい	観点	はしもとひなた	はしもとあき	はしもとはると	はしもとたくや				観点
4 5 6 7 知り合おう	よりよい学校生活を作るための委員会の役割や活動の進め方について知り，高学年で協力し合ってめあてを決めたり，活動したりする。	ア イ ウ								ア イ ウ
8・9 10 11 12 かかわり合う	よりよい学校生活を作るために，全校のみんながかかわることができる活動を考え，実せんする。	ア イ ウ								ア イ ウ
1 2 3 認め合う・高め合う	よりよい学校生活を作るために，全校のみんなが互いに認め合ったり高め合ったりする活動を考え，集団の一員としての自覚を高める。	ア イ ウ								ア イ ウ

「先生方，今月分の評価もお願いします！」と，委員会やクラブの時間を終えると，私は職員室で先生方に呼びかけています。前ページのシートでは，学校として委員会やクラブを通して身につけさせたい力と評価規準を載せています。学年ごとの違いも考慮しつつ，指導にあたる先生方にはここで評価の蓄積をお願いしています。私は，委員会もクラブも，学年ごとにシートを分け，１つのファイルに集約しておくのがよいと思います。そうすると，紛失や記入の際の煩雑さがなくなるからです。

ファイルを開いてシートを眺めながら，先生方はひと月を通しての子どもたちの姿を話し出します。このとき，目立ちやすい子どもばかりに評価の○がつくことも予想されますが，裏を返せば，その他の子どものがんばりを見取ることができていないことや，実態に合った適切な指導がなされていないことに気がつく機会になります。つまり，**このシートを通して，"指導と評価の一体化"を目指している**わけです。

さて，ここでの評価規準や通知表への記載の仕方，指導要録への反映は，校内の評価委員会と連携を図るとよいでしょう。また，学校によっては，委員会やクラブでの子どもの成長やがんばりを文章表記することもあるでしょう。必要に応じて項目をアレンジできるとよいですね。

最後に１つだけ。多くの先生方が評価の際に，つい勘違いしてしまっていることがあります。それは，委員会活動で○の評価をもらった子どもに，所見や要録の児童会活動の項目でもそのまま○をつけてしまうということです。もちろん，特活主任の先生なら，この勘違いの落とし穴の理由をきちんと説明できますよね（笑）

心得
21

指導するための体制を整えてひと安心…ではいけない。
適切な指導がなされているか，子どもたちは確かに成長しているのか，
確実な評価の蓄積がなされてこそ，意味がある指導となる。

22 必要な予算を把握する

 教育活動の充実には，適切な予算とその執行が欠かせない。
必要な物品に対して，子どもたちの創意工夫で補えるものと，
確実に予算を計上しなければならないものとの区別をしよう。

☑ 予算委員会で教職員からの理解を得る

　年度のはじめごろに開かれる，校内予算委員会。1年間を通した校内の教育活動において，分掌ごとに必要となる物品とその予算額を出し合い，予算の上限に収まるように話し合いをします。このごろでは GIGA スクールに関わる物品の申請も増えてきていると思いますが，やはり今すぐ必要なものと見送ってもよいものの吟味が欠かせません。

　さて，特活部として必要な物品の申請をするにあたって，網羅する範囲がとても広く，特活主任といえどもそのすべてを把握しきれないという問題があります。この問題を解決するために，**年度末のうちに，それぞれの委員会やクラブの担当者の先生方に，次年度の分の物品申請のたたき台をつくっておいてもらうようお願いする**とよいでしょう。それができていると，主任として見えていないところも，先生方からの協力によって，予算の申請に組み込むことができるようになります。

　また，委員会やクラブで使用しているものが，他の教科領域等で使用しているものと重なっていることがよくあります。そんなときには，それらの主任の先生方と調整を図りながら，どちらの申請に組み込むか考える必要があります。いざ，予算委員会に臨むにあたっては，申請を下げることのできる優先順位も必ず自分の中で決めておくようにしましょう。

☑ 買ってよかったもの

　学校予算で購入するものは，せっかくなら長い間多くの子どもたちや先生に使ってもらえるものだといいですよね。様々な場面で活用できたり，低・中学年のうちから扱ったりできるもので，私のおすすめが2つあります。

①クラフトパンチ／メッセージカードの台紙や飾りはこれで解決
　子ども同士の間でメッセージを送り合うとき，児童会活動や行事の中で子どもたちから外部の方や団体にメッセージを送るときなど，メッセージカードを用いる場面は，本当にたくさんあります。カードの台紙や表紙をあらかじめ大人が準備するのもよいですが，そんなところも子どもたちと一緒にやってみるのはどうでしょうか。

②缶バッジメーカー／つくって楽しい，つけてうれしい
　児童会のマスコットキャラクターを全校に配付したり，卒業生に校章のオリジナルカラー版を卒業式でつけてもらったり，地域の学校支援活動にあたってくださる方々にお礼の絵を入れて手渡したり…と，こちらも様々な場面で役立ちます。できたデザインを大きさに合わせて印刷するところは大人の手助けが必要ですが，その他の過程のほとんどを子どもたちが進んで取り組むだけでなく，でき上がって手渡した後も，そこに込められた思いは強く残っているようです。

心得22
なかなか学校教育では扱われない"費用対効果"の考え方。
委員会やクラブなどの活動をより充実させていくためにも，子どもたちや先生方の声にも耳を傾けて，支出の計画をしていこう。

23 ねらいに応じて カードを作成，活用する

☑ 今こそ紙ベースから ICT への切り替えを

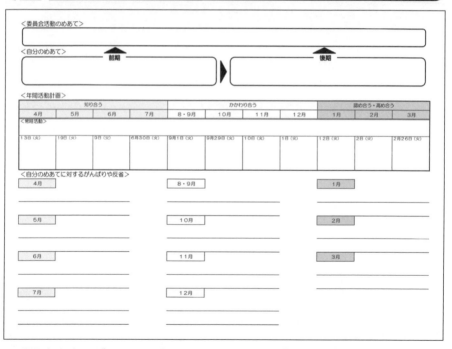

　委員会やクラブのふりかえりの時間になると「カードを書きましょう」と
言う私たち。ところで，このカードって他の場面でも使われていますか？

そもそも，委員会やクラブのカードは，子どもたちが自分のめあてを立てて確かめたり，毎月のスケジュールを立てて確認したり，そして自分自身の取組を振り返って次に役立てようとしたり，そういうことに生かすためにあるはずです。

しかし，実際のところはどうでしょう。カードが子どもたちの前に登場するのは，毎回のふりかえりの時間の場面だけ。普段そのカードはどこにあるでしょう。もしかしたら，子どもたちの手元から遠く離れた先生の手元や職員室の棚の中に置かれているのではないでしょうか。それでは，子どもたちが自らの取組を調整しようとしたり，うまくいかないことにも粘り強く取り組もうとしたりすることはできないのではないでしょうか。

さて，こんなことを言っている私も，このカードの改善にはなかなか手を出せないままでいます。しかし，このごろの ICT 活用の機運に身を委ねてみると，これまでの委員会・クラブカードの代替としてだけではなく，成長に生かしていきたい子どもたちにとっても，評価に生かしていきたい大人にとっても，よりよいものになっていくのではないでしょうか。

例えば，オンラインで委員会やクラブごとのグループを作成します。そして，そのグループで共有できるカレンダーに，活動を推し進めていくために必要なスケジュールを打ち込んでいけるようにします。このとき，子どもたちにもスケジュールを作成できる権限を与えられるとよいでしょう。また，**自分自身のふりかえりと次に向けてのめあても，ポートフォリオ的なやり方で蓄積していけると，さらに子どもたちのよさを引き出せるものになる**のではないでしょうか。

心得 23 これまでの当たり前に "そもそもどうして？" の考えをもとう。ICT 機器を取り入れて子どもたちを支えていくことができれば，双方向的でいきいきとした活動を引き出すことができる。

24 委員会・クラブの 掲示板を整備する

 CHECK 掲示板は，活動の盛り上がりがわかるバロメーター。
グループ内での伝達はもちろん，外に向けての発信も重視したい。
情報は何より鮮度が大事。

☑ なるべく多くの目にふれるところに設置する

委員会からのお知らせ（いいんかい　し）　　　次の活動日は、__月_13_日（つぎ　かつどうび）

生き物委員会	運営委員会	運動委員会	かん境委員会	給食委員会
広報委員会	集会委員会	図書委員会	保健委員会	放送委員会

　校内で最も人通りがあり，高学年はもちろん，低・中学年もその前を通る掲示板と言えば，どこにありますか。そして，その掲示板は今，どのような使われ方をしていますか。おそらく昇降口の前や給食室の出入り口に近い壁面が，その候補にあげられるのではないでしょうか。校内で掲示板の管理を

している分掌があれば，ぜひ使わせてもらえるようにお願いしましょう。

　掲示板は，委員会用とクラブ用に分けて設けます。設置されている数にもよりますが，**1つの活動につき，B4サイズ程の大きさが設けられれば十分**です。

　なかなか活用のイメージが浮かばない場合には，教室の子どもたちが活用している係活動の掲示板や壁面を思い出してみてください。自分たちのポスターやカレンダー，クラスへのお知らせやお願いと，様々な使い方がされているはずです。自分の所属していない係のポスターやお知らせを見て，そのよさを自分たちも取り入れようとする子どもたちの姿を目にしたことはありませんか。委員会とクラブの掲示板も，そんな活用の延長線上にあると考えてみたらどうでしょう。

　さて，掲示板の活用ですが，基本的には自由です。子どもたちとその活動を指導される先生方との間で確認ができていれば，内容は問いません。しかし，確認なく無断で貼ることは NG とする，掲示板に貼る紙にはそれを貼った日付を書いておく，などの必要な事前指導はしておくべきです。

　また，**最初の1枚目には，委員長やクラブ長のアップの写真と全校に向けてのメッセージを載せられるシートを用意しておくとよい**でしょう。何事もスタートの切り方が大事ですし，この掲示板が全校にとってどんな意味をもつものなのかを知る大切な機会にもなります。

心得 24

あらゆる場面から，委員会とクラブの活動を支えていこう。
特に，委員会とクラブの活動が盛り上がっていることが，所属する子どもたちだけでなく，全校にも広く伝わっていくことが大切。

25 委員会アイデアノートで 活動を彩る

 CHECK これまでの当番活動と係活動の総まとめとなる委員会活動。
活動経験を十分に引き出して，さらに加速させていくためには，
折にふれた声かけと意図的なしかけが欠かせない。

☑ 活動のミッションとビジョンを確かめる

ここまで委員会活動のことをあれやこれやと書いてきましたが，何か特別なこと，画期的なことをしないといけないわけではありません。むしろ，日々の常時活動に自分なりのめあてをもって取り組み続けていたり，"〇〇月間"など特別な活動を催すときにはみんなで決めたことに向けて自分の力を生かして取り組もうとしていたり…と，**これまでにも取り組んでいる活動の質を高めていこうとすることの方がより大切**だと思います。

ここからは指導される先生方の主導で構いません。

「どうしてこの委員会を選んだの？」「この委員会でどんなことをしたいの？」と子どもたちに折にふれて投げかけていきましょう。そこから子どもたちと"学校を〇〇な場所にしたい"というミッションを考えます。委員会活動のミッションを掲げることができたら，自分たちの活動のビジョンを押さえます。

"だれよりも自分たちが一番学校生活を楽しんでいるか""全校のみんなのために力を尽くそうとしているか""自分や自分たちのよさを生かそうとしているか""全校のみんなにとっても参加型の活動になっているか"，これら4つ程度が考えられるでしょうか。

こういう土台ができた上に，活動の改善が乗っかっていくのです。

☑ 身の回りに広がっている活動からアイデアを得る

さて，街を歩いていたり，テレビを見ていたりして"これ，授業で使えるな…"となるのは，私たち教師のあるあるではないでしょうか。

私自身，官公庁や企業の CS 活動や生み出された流行，商業施設の施設内の飾りや参加型のイベント，観光施設の HP やチラシ，季節ごとの催し…といった様々な身の回りのものから"これ，委員会活動や集会活動でやったらおもしろそうだな…"と，すかさず記録することがあります。

社会で行われる活動というと，

> **1　友達とふれあう機会や場を計画・運営する委員会（運営）**
>
> ＜常時活動＞
>
> 担当クラスとの交流
>
>
>
> 代表委員会の運営　　　　　　　　　　全校行事や活動の推進
>
> ＜他にどんなことができるかな＞
> ・横浜子ども会議の"だれにとっても居心地のよい学校づくり"のめあてに向けて，中学校と連携して取り組む活動
> ・児童会のキャラクターを行事や活動ごとに成長させる活動
> ・学校の中で見つけた問題や課題を，それらを解決してくれる友達や委員会，先生に相談して，解決をする活動
>
> 全校の思いをすい上げて，みんなが楽しい学校にしていこう
> 他の委員会と協力し合う活動を計画することはできないかな？
> さすが高学年！と思われるお手本の姿で過ごしているかな？

子どもたちではなく大人が行っているもので，子どもたちの活動にはふさわしくないのではないかという意見もあるかもしれません。しかし，"社会に開かれた教育"を目指すのが学校教育ですから，**よいものはどんどん取り入れていけばよい**のです。"そんなこともしていいの!?"と，子どもたちは目を輝かせて活動をつくっていってくれますよ。

心得 25

"自分たちの学校は自分たちで彩っていくんだ！"という意識が大事。
やる気があってもやり方がわからないなら，思い切って教えてみよう。
"おもしろそう，やってみたい！"が子どもの原動力になる。

【イラスト出典】
・イクタケマコト（2015年）『カンタンかわいい　小学校テンプレート＆イラスト　CD－ROM付　低・中・高学年すべて使える！』p.59（学陽書房）
※掲載にあたっては，著者権者の許可を得ています。

26 委員長・クラブ長を育てる

 人一倍のやる気をもって立候補してくれた委員長とクラブ長。
そのやる気を主体的に取り組む態度に昇華していくためにも，
会の運営や事前の段取りのノウハウを伝えていこう。

☑ 段取り八分，仕事二分の考え方を伝える

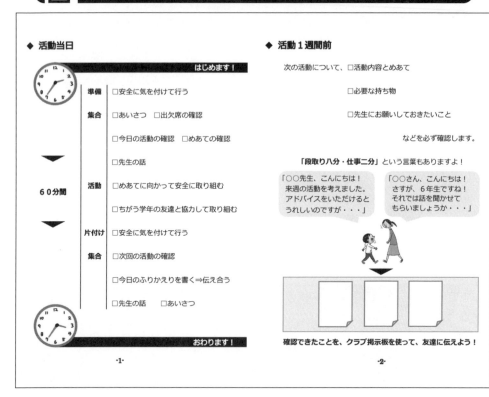

◆ 活動当日

はじめます！

準備	□安全に気を付けて行う
集合	□あいさつ　□出欠席の確認
	□今日の活動の確認　□めあての確認
	□先生の話
活動	□めあてに向かって安全に取り組む
	□ちがう学年の友達と協力して取り組む
片付け	□安全に気を付けて行う
集合	□次回の活動の確認
	□今日のふりかえりを書く⇒伝え合う
	□先生の話　　□あいさつ

60分間

おわります！

-1-

◆ 活動1週間前

次の活動について、□活動内容とめあて

□必要な持ち物

□先生にお願いしておきたいこと

などを必ず確認します。

「段取り八分・仕事二分」という言葉もありますよ！

「○○先生、こんにちは！
来週の活動を考えました。
アドバイスをいただけると
うれしいのですが・・・」

「○○さん、こんにちは！
さすが、6年生ですね！
それでは話を聞かせて
もらいましょうか・・・」

確認できたことを、クラブ掲示板を使って、友達に伝えよう！

-2-

多くの場合，委員長やクラブ長を担う子どもは，自ら望んでその役割になっていることでしょう。しかし，だからといって何の事前指導もなく，当日になって「それでは６年生，よろしくね」と手放してはいけません。事前の打ち合わせの必要性とその周知の仕方や，当日の会の大まかな流れとタイムスケジュールなど，安心して活動を進めていくためのベースとなるものは，どんどん子どもたちに伝えていってよいと思います。

　活動の段取りを載せたワークシートは，委員長やクラブ長に限らず，活動に関わるすべての子どもたちに手渡すようにしています。**自分がその役割ではないからといって，自治的な活動の進め方を知らなくてよいわけではないから**です。相手の立場やそこでの取組を知るところから，子ども同士の協力も生まれます。

　さて，実はこの段取りの大切さを教えてくれたのは，私がかつて担当していた運動クラブでクラブ長を務めていたある１人の女の子です。事前の打ち合わせを欠かすことがなかった彼女は，クラブの活動を取り仕切るときに，１枚の紙を手元で見ながら進めていました。何が書いてあるのか気になって見せてもらったところ，活動の時間配分とそこでの要点などが見事にまとめられていました。時間と労をかけたことがうかがえる１枚でした。どうしてこの用紙を準備したのか聞いてみると，「これがないと安心できないからです。これがあると，みんなも私も無駄がなく，時間いっぱい楽しむことができるからです」と，教えてくれました。

　今でも，年度のはじめに委員会やクラブの活動の段取りの大切さを子どもたちに伝えるとき，彼女の言葉とそこに込められた願いが思い出されます。

心得 26
子どもたちの自発的，自治的な活動を引き出すためには，その根底に，活動のベースとなる，ゆるがないものの存在が欠かせない。
十分な計画や見通しがあることが臨機応変な判断と行動にもつながる。

【イラスト出典】
・イクタケマコト（2015年）『カンタンかわいい　小学校テンプレート＆イラスト　CD－ROM付　低・中・高学年すべて使える！』p.57（学陽書房）
※掲載にあたっては，著者権者の許可を得ています。

63

27 委員会同士のコラボレーションを生み出す

 CHECK
委員会はあくまで便宜的に分けられたグループに過ぎない。
目標に向けて協力して取り組むのは，当番活動や係活動と同じ。
なかなかコラボに踏み出せないときは，背中を押してあげよう。

☑ 委員会活動は4つの性格で大別することができる

委員会活動が，学校をよりよくしていくためにあることは言うまでもありません。各校によって，設置されている数や名称，役割に違いはあれど，どの委員会も次の4つにあてはめて考えることができると思います。

①友だちとふれ合う機会や場を計画・運営する委員会（運営，集会）
②健康で安全に過ごせる活動を考える委員会（運動，給食，保健）
③よい環境で過ごせる活動を考える委員会（環境，掲示）
④情報や知識を広める活動を考える委員会（広報，図書，放送）

①から順に，"なかよしさ""すこやかさ""すごしやすさ""かしこさ"と考えることもできます。また，**全校のために推進していく活動が，どれか1つだけの性格をもっていることは少なく，いくつかの性格をあわせもっている場合が多い**のではないでしょうか。そう考えると，まずは同じグループ内でのコラボ，次に関わり合うグループの委員会とのコラボ…と，その活動に巻き込む範囲をどんどん広げていくこともできます。

みなさんの学校に設置されている委員会活動は，どんなグループに分けることができるでしょうか。

☑ 委員会活動の時間こそコラボの時間に

　委員会活動にとって，月に１回程度設けられている委員会の時間は，活動のネジの締め直しをする大切な時間です。日々の常時活動は，子どもたちが決められた曜日などにそれぞれの役割をこなしていきます。そこでの要点などを確認して活動に当たっていきますが，どうしてもそれぞれの"ズレ"が生まれてくるものです。そのズレを話し合いでリセットし直すことが，委員会の時間には欠かせません。

　さらに，委員会の時間は，校内のすべての委員会が同じ時間に行っていることがポイントです。当たり前と言えば当たり前ですが，だからこそ，**活動を推進していく中での困り感をその教室の中だけで解決しようとするのではなく，他の委員会へ協力を仰いでいくことがとても容易にできます。**そのためには，教職員間での委員会活動の事前打ち合わせで，"委員会の時間に子どもと担当者が相談して，他の委員会への協力が必要と判断したら，教室を出て相談しに行くことがあってよい"ということを共通理解しておく必要があります。また，委員会の子どもたちには「自分たちの委員会だけで解決できなくて他の委員会の力も借りたかったら，どんどんコラボしていいよ」と，そっとそのきっかけを与えてあげましょう。「じゃあ明日の休み時間に，委員長さんにお願いしに行きます」と子どもが話す場面が来たら，「必要なことなら，今すぐお願いに行ってもいいよ。ただし，委員長さんと担当の先生には自分の言葉でお願いできるかな？」と伝えます。大切なミッションを任された子どもたちは，喜んで教室の外に飛び出していきますよ。

委員会活動は，当番活動と係活動の延長線上にあると考えよう。子どもたちを信頼して，できる限りのことを任せようとする大人の姿勢が，想像を超えた子どもたちの姿を引き出していく。

28 活動をPRするための工夫を凝らす

教科領域等の学習で，活動のゴールに第三者を設定するように，委員会活動やクラブ活動でも，低・中学年に向けてのPRのためのしかけをすると，さらに活動がおもしろくなる。

☑ 年間を通して様々な手を打つ

　委員会やクラブに限らず，自分や自分たちの活動がだれかに見られたり，注目されたりしていることがわかると，いっそうやる気がわいて，さらに活動に身が入るものです。**委員会やクラブでも，自分たちのことを知ってもらい，応援してもらえるようなアピールの方法をたくさん取り入れたい**ものです。ここでも，これまでの活動経験を生かしていきましょう。例えば，係活動で自分たちの係の名前を一生懸命に考えていた姿が思い起こされます。

　次に紹介する一部には，私の実践ではなく，見聞きしたものやこれからやってみたいものも含まれていますので，ご了承ください。

①委員会・クラブ名を工夫する

　これは，簡単に取り入れることができます。正式名は決められていることもあるかもしれませんから，"通称名"というところでしょうか。低・中学年の子どもたちに浸透しやすいだけでなく，その通称名に所属する子どもたちの願いが込められることからも，愛着がもてて，とても有効です。1つ懸念されることは，通知表所見や指導要録に記載する際に，正式名と通称名のどちらを使うかで混乱することです。これは，校内であらかじめ決めておきましょう。

②活動をする際に腕章や名札などのグッズを身につける

　これを提案すると子どもたちは喜んでつくり出します。また，当番の
ように順に役割が渡されていく活動の場合，その日の当番が仕事を終
えたら次の当番に渡しに行くことで，活動のうっかり忘れも防げます。

③活動をする場所に担当者からのメッセージを置いておく

　他校で行われた研究会に参加したとき，流し場でふと鏡の横を見ると
"流し場のハンドソープをほじゅうしている○○です。何かこまった
ことがあれば，いつでも教えてください"と子どもの写真とメッセー
ジが添えられたポスターが貼ってありました。担当の子どもにとって，
その場所への責任感が生まれるだけでなく，そこを使う子どもたちに
とっても，流し場を大切にする気持ちが育つのでしょう。

④撮りためた写真や映像を編集して全校へ発信する

　多くの学校で，活動の成果を集会でお披露目したり，テレビ放送した
りしていると思います。しかし，教職員が支援しなければならない範
囲が広く，大々的に行うことは難しいです。そこで，ICT機器を活用
して，自分たちの活動の様子を写真や映像で撮りためて編集し，共有
ドライブやクラスルームで発信してみるというのはどうでしょうか。
そのデータの置き場所をQRコードにしてポスターで展示すれば，
見る側の子どもたちは，いつでも何度でも目にすることができます。

心得
28

活動のPRを難しく考えず，日常的に取り組めるものを考えよう。
子どもたちの一番の応援団は，そばにいる教職員の大人たち。
子どもたちがPRのための方法を知らないなら，臆せず教えよう。

29 次年度に向けて ふりかえりを集約する

 CHECK
ふりかえりは，自分たちの活動を価値づけるために欠かせない。
さらに，次の年の活動の立ち上げを視野に入れて行うことで，
人が替わっても生かすことができるふりかえりにしていける。

☑ ふりかえりは子どもも大人も行うもの

今年度のふりかえり ボードゲーム クラブ

同じ興味の者同士で，よりよい活動のために，クラブに取り組んだみなさん。
来年度にも，その頑張りを生かすために，今日はふりかえりをします。
クラブの友達や担当の先生と協力して，ふりかえりに取り組みましょう！

<今年度，このクラブに所属していた人数>

4年		5年		6年		合計
9 人	+	11 人	+	10 人	=	30 人

<今年度，このクラブで取り組んだ活動>

やってよかった！	もっとこうすればよかった！
○ トーナメント大会	△ 話合いが多かった
○ 学年対抗試合	△ 男女が分かれてしまった
○ 新しいゲーム作り	△ 道具忘れがたまにあった

<来年度，このクラブで取り組むとよい活動>

・新しいゲーム作りが特によかった！ぜひやってほしい！
・クラブ活動の前には，持ち物などのれんらくをする！
・先生たちも強そう！先生たちともたくさん勝負したい！
・自分の学年で固まってしまうことがあるからそこは注意！

<来年度，このクラブに所属する友達へ一言>

今年できたばかりのクラブですが，とっても楽しいです。
みんなで話し合ってステキな時間をすごしてください！

今年度のクラブ活動についてのふりかえり

特活部

いつも，クラブ活動の指導へのご協力ありがとうございます。児童と同じく，先生方からも今年度のクラブ活動のふりかえりをいただき，来年度へ生かしていきたいと思います。ご記入よろしくお願いします。

ボードゲーム クラブ 担当： 橋本

<活動内容について>
子どもが活動を工夫する余白が適度に設けられていてよかった。

<活動時間について>
時間めいいっぱい遊びに親しんでいる様子があった。ふりかえりにも時間が十分にとれた。

<活動場所について>
机とイスがあればどこでもできる。
安全面での指導が必要ないのはとても助かる。

<その他・全体を通して>
※クラブカード，活動後の評価の仕方，など
子どもたちに交じりながら，活動の様子を
見取ることができるのでよい。

※クラブの適切な人数は何人程度ですか？

____40____ 人程度

年度の締めくくりが迫ると，委員会やクラブでのふりかえりの時間を設けている学校は多いと思います。そのふりかえりは，どのように行われ，どの

ように次の年に生かされているでしょうか。

　ほとんどの学校では，それぞれの活動の最後の回をふりかえりにあてているはずです。活動を締めくくるのがふりかえりですから，悪くはありません。しかし，そこで行われるふりかえりを基に，次年度の委員会やクラブの設置を検討して，職員会議等で教職員の先生方からの了承を得るためには，ふりかえりが最後の回に予定されていては，間に合わないことが懸念されます。

　そこで私は，**1月か2月の活動の中で，ふりかえりの時間を設けてもらえるよう，あらかじめお願いをしています。**そして，ふりかえりがある程度ねらいに沿ったものになるよう，子ども用と大人用の2つのパターンのシートを準備して，それを埋めるように話合いを進めてもらっています。

　子ども用のシートは，担当者の先生を通して，委員長，クラブ長の子どもに手渡します。そして，子どもたちが中心となり，シートに沿って話合いを進めていきます。大人用のシートは，子どもたちの話合いを見守りながら，やはり担当者の先生同士で話し合い，記入してもらいます。

　こうしてまとめられたふりかえりのシートは，特活部でよく目を通して，次年度の委員会とクラブの設置の提案に役立てます。また，**次年度の委員会，クラブを指導する教職員の先生方への最初のオリエンテーションでこのふりかえりシートを手渡し，生かしてもらえるようにもしています。**

心得29

ふりかえりを形式的なものにしてはいけない。
なぜふりかえりをするのか，それをどう生かしていきたいのか，
子どもにとっても大人にとっても意義のあるものをつくり上げよう。

【イラスト出典】
・イクタケマコト（2015年）『カンタンかわいい　小学校テンプレート＆イラスト
　CD－ROM付　低・中・高学年すべて使える！』p.57（学陽書房）
　※掲載にあたっては，著作権者の許可を得ています。

30 他教科との連携で 次の学年を迎える

 教科横断的な視点に立った資質・能力を生かすのに，委員会活動
やクラブ活動ほど適している学習はない。
他教科の学習とも積極的に関わりをつくっていこう。

☑ 特に親和性が高いのは，国語

　教科横断的な視点に立って，教育課程の編成，実施，評価，改善を計画的
かつ組織的に進めていくことの大切さは，みなさんもすでに意識されている
ところでしょう。では，みなさんの勤務校での特別活動が，具体的にどのよ
うに他教科と関わり合っているかは把握できていますか。もし，他教科との
具体的な関わりが思い浮かばない場合には，学年ごとにつくられている1年
間の教科等における単元や題材の配置をまとめた一覧などに目を通してみる
のがよいでしょう。

　さて，様々な教科の中でも，最も関連づけやすいのが国語ではないでしょ
うか。扱っている教科書によって違いはありますが，単元の中に，委員会活
動を振り返って1つ下の学年にスピーチで報告する題材や，自分が1年間取
り組んできたクラブ活動についての紹介文を書いて友だちに発表する題材が
設けられていることもあります。特に**"話す・聞く"や"書く"の言語活動
は，目的意識と相手意識がしっかりと設定されていることが欠かせません。**
例えば「4月からクラブ活動を始める今の3年生に，1年先輩のみんなから，
おもしろさや魅力を伝えてみませんか？」などと投げかけてみてもよいでしょ
う。こうした，他教科との関連を生み出すためには，他教科の主任や当該
学年の主任の先生との連携が大切です。

☑ 総合的な学習の時間や外国語活動と Tokkatsu

"Tokkatsu" とは，日本式の教育やカリキュラムの象徴と言える特別活動の海外での呼称です。エジプトをはじめ，この "Tokkatsu" を自国の民主化に役立てようと，学校教育のカリキュラムの中に組み込んでいく動きもあるようです。あるとき学校に訪れている AET（Assistant English Teacher）の先生と話をしていると，「日本の学校の委員会活動やクラブ活動は，自分の国の学校にはなかった。街の中を清掃するボランティア活動や自分のやりたいスポーツに勤しむ活動は，学校の外で行うものであって，学校の先生たちが指導してくれて一緒にやるものではなかった」と教えてくれました。実は，その先生が話すように，**日本の学校教育では当たり前に行われている委員会活動やクラブ活動も，諸外国から見ると，教育課程の外にある珍しいもの**として映るようです。

さて，ある学年での総合的な学習の時間で，海外の小学校との交流を行ったことがありました。その中で "日本の小学校の１日をまとめたビデオをつくって送りたい。日本の学校のよさを知ってほしい" という思いが上がり，撮影をして送ったことがあります。その中で驚かれたのは，みんなで食べる給食の時間などはもちろん，委員会とクラブの時間のことでした。いわゆる教科ではない学習の時間に，子どもたちが学校や自分たちの生活を彩るために，生き生きとした姿で活動に取り組んでいる様子が新鮮だったようです。

このように，自分たちにとっては当たり前でも，海外の人や子どもたちに伝えようとすることで，新たな気づきを得ることができるかもしれません。

心得 30
各教科領域等での学びや生活での経験が特別活動に生かされるように，委員会やクラブでの学びがその他の場面に還っていくことを願おう。そこで生まれる人との関わりが，さらに活動をつくり上げていく。

特活主任こそ
低学年の担任を！

　はじめて特活主任になった年，私は１年生の担任でした。まわりの先生からは「やりにくいでしょう。大丈夫？」なんて心配の声をいただくこともありました。

　たしかに，高学年の委員会の子どもたちと打ち合わせをするとき，教室の場所が遠かったり，そもそもあまり関係ができていない中で立ち入って指導をすることが難しかったりしたのも事実です。でも，思いがけないよさもたくさんありました。

　まずは，頻繁に教室を訪れるお兄さん・お姉さんたちを，クラスの子どもたちがいつも心待ちにしていたことです。「あのお兄さんお姉さんたちは，何をしに教室に来るの？」と子どもたちに聞かれたことがあります。「あのお兄さんお姉さんたちは，この学校が楽しく笑顔がたくさんの場所になるように，お仕事をしてくれているんだよ。その相談をしているんだ」と答えると，尊敬と羨望のまなざしが一気に上級生たちに向けられます。こんな些細なきっかけからも，上級生と下級生の関わりを生み出すことができます。

　それからも何度も教室に訪れる，上級生たち。あるとき「この活動が本当に全校のみんなでできるのかなぁ」と悩んでいました。ふとまわりを見ると，お兄さん・お姉さんたちのことが大好きな１年生の子どもたち。そこで，「それなら１年生に聞いてみたら？」と促しました。１年生の子どもたちも何かの役に立てそうなことに興味津々です。それ以降，何か困りごとがあると，上級生が下級生に相談する光景がよく見られるようになりました。

　特活主任の先生が低学年の担任。私は全然アリだと思います！

第4章
運営委員会を動かす

Chapter 4

31 学校づくりのビジョンを掲げる

学校教育目標と児童会活動が掲げる目標とをリンクさせよう。
その児童会目標を生み出し育てるための中核となるのは，
運営委員会に所属する子どもたちと大人だ。

☑ 絵にかいた餅で終わってはいけない児童会目標

　みなさんは，自分の学校の教育目標を言えますか。児童会目標ならどうでしょうか。どんな目標にも，そこに込められた願いがあり，その達成に向けて歩んできた先人たちの努力があるはずです。**それがどんな目標であろうと，掲げた道標を見失ってしまったり，そもそもその存在を忘れてしまったりしては，元も子もありません。**目標とは，いつでもわたしたちの向かう方向を指し示してくれる一筋の光であり，今の自分の立ち位置を確かめさせてくれる一点の灯りのようなものでもあります。

　さて，児童会目標というと，その多くはスローガンの形式をとっていて，職員室の前の廊下や児童会議室の壁面に飾られていることがほとんどでしょう。あまり多くの子どもたちの目に触れることがないばかりか，文言が何年も変わらないままであったり，忘れられてしまっていたりすることもあるかもしれません。これが本当に，学校をよりよくしていくための目標のあり方なのでしょうか。子どもたちにもっと広く知れ渡り，愛着をもってもらえる児童会目標を掲げることはできないのでしょうか。

☑ 子どもたちに愛される児童会目標づくり

どうしたら，多くの子どもたちに認めてもらい，愛される児童会目標をつくることができるのか。私が行き着いた今の最適解は，**児童会のマスコットキャラクターをつくること**です。

学校をよりよくしていく視点として“なかよしさ”“すこやかさ”“すごしやすさ”“かしこさ”の４つがあげられるのは，前章で述べたとおりです。この４つの視点を基に，運営委員会の子どもたちにマスコットのデザインと名前を考えてもらいます。そして，全校に向けてマスコットのお披露目をして，１年間の様々な行事や活動を通して成長していくことも伝えます。これまで児童会目標がスローガン形式で設けられていた学校では，突然のマスコットの登場に戸惑いもあるかもしれません。また，低・中学年にとっては妥当でも，高学年にとっては幼稚なものになってしまうのではないか，という心配もあるでしょう。しかし，運営委員会が中心となってマスコットのPRと成長を促す活動を推進していると，下級生からのウケのよさに気づかされます。そこでの反響が転じて，上級生のマスコットへの親しみや他の委員会の活動の推進を引き出すことにもつながっていきます。

成長の仕方も，マスコットのパーツが増える，仲間が増える，マスコットのまわりの風景が変わっていく…など，いくらでもアレンジが思いつきます。

マスコットキャラクター型の児童会目標が根づくと，低学年の子どもたちは“今年のマスコットは何かな”と，毎年楽しみにしているようです。

心得31

学校づくりのビジョンは，児童会目標に託そう。
つくって終わりではなく，その後の生かし方にも目を向けてみると，
そのあり方にも様々な工夫の余地があることに気がつく。

32 運営委員会を児童会活動の要に据える

CHECK

運営委員会は，熱意と創意をもった子どもたちの集まり。
その熱意と創意を，いっそう学校づくりに役立てるためにも，
様々な活動の中心役を任せていこう。

☑ 子どもたちの熱意に働きかける

運営委員会に入ってくる子どもたちは，ほとんどの場合が，自ら望んで所属を決めています。「この委員会で，どんなことをしたいと思っていますか？　自己紹介の中で聞かせてね」とはじめに聞いたなら，どんどん自分の思いを語ってくれるに違いありません。そうでない場合でも，まわりの友だちの雰囲気に感化されて，いよいよ運営委員会での１年間の活動に決心がつくわけです。

また，その他の委員会は，担当の先生の教室で活動に取り組むことがほとんどですが，

1　運営委員会の心得

ようこそ、運営委員会へ！

ここは、学校にあるたくさんの委員会の中でも特別に面白いところ。

だって、**よりよい学校生活にするためには、どうすればよいか？**

どんな学校だったら豊かで楽しいだろうか？　を

みんなで考えて、やってみることができる場所だから！

「学校のみんなでこんなことをしてみたいな。」

「こんなことで困っている人がいたよ。みんなで助け合おうよ。」

「こんど WSC があるね！ぼくたちも盛り上げる工夫をしようよ。」

そんなみんなのアイデアややる気は、大かんげいだよ！

学校が楽しいところになるためには、

まずは運営委員会が楽しいところになるといいね！

「積極的に行動し、見えない絆を深めよう」

さあ、力を合わせてがんばろう！

運営委員会だけは，児童会議室で活動に取り組むのもよいでしょう。**そんな特別感が，子どもたちのやる気につながることだってある**のです。

☑ その他の委員会の活動にも率先して参加する

運営委員会が，児童会活動のキャラクターを成長させていく役割を担っていることは，前項で述べました。そして，特別な役割として割り当てられている代表委員会の運営や，学校代表としての他校との連携会議への参加もあるでしょう。しかし，学校全体を盛り上げていくためなら，どんなことにチャレンジしたってよいのです。

そこで，運営委員会は，他の委員会の企画する"○○活動"に，全校のだれよりも率先して参加していくことが大切です。そして，その企画を通して全校のみんなで感じることができた"○○さ"を取り入れて，さらに成長したキャラクターを形づくっていければよいのです。

何だかおいしいところ取りをしているようで，少し気が引けるところもありますが，そうやって様々な活動に顔を出して盛り上げていき，そこでの盛り上がりを全校の成長の証として残していくのです。

こんなことが委員会での活動としてできるのは，運営委員会をおいて他にありません。**運営委員会がこんなにおもしろい取組をしていると知ったら，下級生からの憧れの眼差しが集まり，さらに活動に身が入る**ものです。

心得 32

運営委員会は，企画力だけでなく，便乗する力もピカイチを目指そう。学校中のだれよりも生活を楽しみ，さらに楽しくしていこうとする姿勢が，児童会活動の要としてのあるべき姿になる。

33 担当クラスとのつながりをつくる

CHECK

常時活動の1つとして，担当クラスを決めて，交流してみよう。
一緒に過ごしている中で，学校について願っていることや問題に
思っていることを引き出すことができるとよい。

☑ 一緒に遊ぶことが人との最大の関わり

誤解をおそれずに言えば，運営委員会の子どもたちにとって最も重要な常時活動は，低・中学年の子どもたちと積極的に関わって遊ぶことです。こんなことを運営委員会の子どもたちに話すと，彼らも驚いた顔を見せます。しかし，**児童会活動は高学年の子どもたちがただ活動をするだけで成り立つものではなく，全校の児童を巻き込んだ活動にしていくことが大切**です。

その手始めとして，運営委員会の子どもたちに，自分の担当する低・中学年のクラスを決めてもら

2ねん2くみ たんとうの はしもとです。
月よう日の休み時間にみんなとたくさんあそんだりはなしたりできるのがたのしみです☆

2ねん2くみ たんとうの はしもとです。
月よう日の休み時間にみんなとたくさんあそんだりはなしたりできるのがたのしみです☆

い，週に何回か休み時間に交流して過ごす活動を設けてみましょう。下級生は上級生のお兄さんお姉さんたちが大好きなので，とても喜ばれます。

☑ 遊びを通して相手を知り，自分を知ってもらう

運営委員会の常時活動として，下級生との交流を設けるまでは，運営委員会の子どもたちと下級生との接点はあまりありませんでした。低・中学年の子どもたちにとって何かのお知らせをするときなどに前に現れるだけの存在でした。しかし，ふとしたことをきっかけにこの活動を始めてみると，お互いにとってなくてはならない，大切な時間を生み出すことになりました。

最初の委員会活動で担当クラスが決まると，運営委員会の子どもたちは，自己紹介をするポスターをかいて，担当クラスへあいさつに行きます。そして，ポスターの半分は担当クラスに，もう半分は児童会議室に掲示します。これがあるのとないのとでは，顔や名前を覚えてもらえるかどうかが大違いです。

そこからは，決められた曜日や時間を中心に，担当するクラスの子どもたちとの交流が始まります。ただし，**何か遊びや話題を用意して行かなければいけないわけではなく，クラスの遊びや話の輪の中に入っていくだけで十分**です。こうして，交流の回数を重ねていく中で，次第に関係が築かれていくのです。指導者にとっての交流の最終的なねらいは，低・中学年の目線から見える学校生活上の諸問題を吸い上げたり，他の委員会の主催する児童会活動に誘い出したりすることですが，それは二の次でも構いません。むしろ**"思い入れのある，大好きなあのクラスの子たちのために，上級生として何かできることはないだろうか"という思いを抱かせることができれば，十分意義のあるもの**だといってよいでしょう。

心得 **33**

児童会活動は，相手の顔が見えたり，声が聞けたりすることが大切。
かけがえのない相手に，もっと楽しい学校生活を過ごしてほしい，
と心から願うことが，運営委員会の子どもたちには欠かせない。

34 委員会活動の時間に ねじの締め直しをする

 CHECK

委員会活動の時間は，ひと月ぶりに全員がそろう大切な時。
全員が顔を合わせることでしかできないことに時間を割こう。
次のひと月の活動の成否は，この時間にかかっている。

☑ まずはやはり見通しをもつ

ケイカクショ！ よりよい学校を目指して・・・
2022 年 7 月 25 日の　　　運営　委員会について

2022 年 7 月 18 日
はしもと たくや

はじめます！

- □ 出席確認
- □ 今日の流れの確認
- □ 先生の話

45分間

- □ （全体）クラス交流のふりかえり
- □ （全体）あいさつ運動について
- □ （グループ）プロジェクトの話合い

- □ スケジュールの確認
- □ ふりかえり
- □ 先生の話

さようなら！

この時間にやりたいこと

- □ 原案作り
- □ あいさつ運動の計画
- □ 放送委員会と打ち合わせ
- □
- □
- □

先生にお願いしたいこと

- □ 原案用紙の準備
- □ 放送委員会にお願い
- □

　委員会活動の45分間は，本当にあっという間です。短い時間を大切に使うためにも，やはり**事前の打ち合わせ**は欠かせません。

☑ 全体で話し合うこと，グループで話し合うこと

さて，運営委員会に限ったことではありませんが，そもそも月に１回設けられている委員会の時間は，何のためにあるのでしょうか。私はかつて，ある委員会で45分かけて花壇の整備をさせてしまった苦い経験がありますが，みなさんはいかがでしょうか。お察しの通り，**委員会の時間は，話合いのためにあります。**ここでの話合いは“ねじの締め直し”と考えると，しっくりくるのではないでしょうか。

ここではまず，低・中学年のクラスとの交流を通して気づいたり教えてもらったりした問題を出し合います。自分たちの取組で解決できるのであればその方法を考え，他の委員会に伝えた方がよいことであれば，その委員会に伝えに行きます。次に，運営委員会全体で取り組んでいる活動について，調整する必要があるものを出し合い，その解決方法を考えます。

ひと通り全体で話し合うことが終わると，いよいよグループに分かれての話合いです。私は，委員会での活動は，大人数で一気に取りかかる必要があるものと，少人数である程度長い期間じっくり取り組み続けるものとに区別できると考えています。**少数精鋭で取り組んだ方が，フットワークが軽く，それでいてダイナミックに活動できることもある**のです。また，活動が終わったところで解散して，次の新しい活動を起こせるよさもあります。

こうして話合いを進めていると，どうしてもタイムリミットが訪れます。そんなときは，次にミーティングをする時間と場所の確認をします。これを忘れると，次に顔を合わせるのは，またひと月後になってしまいますから。

心得
34

なぜ話し合うのか。それは，活動の微調整を行っていくため。
話し合って解決していくことは，子どもたちに思い切って委ねよう。
その分，話合いの場づくりや時間管理にはどんどん手を貸そう。

35 常時活動を行う 場所と時間を確保する

いつでも集まって活動や話合いに取り組める場所が子どもたちに
向けて開かれていたらどうだろう。
場所と道具と大人からの信頼を，子どもたちに明け渡そう。

☑ 空き教室を児童会議室に据える

みなさんの学校には，使われていない空き教室はありますか。もしあるようなら，その教室はどのように使われていますか。少人数教室などに使われているだけの場所であれば，児童会議室を設けるチャンスです。児童会議室は，授業時間には使用されている教室でも問題ありません。**休み時間と委員会活動，代表委員会の時間に使えれば十分**だからです。

とはいえ，特活部の一存だけでは児童会議室を設けることはできません。学校経営会議や職員会議の場で，児童会議室の設置とその意義について，教職員の先生方の賛同を得なければなりません。私自身もそうしました。このとき，休み時間に教職員の目の届かない教室で子どもたちが活動することへの心配の声が上がりました。しかし，メリットとデメリットの両方をそろえて協議した結果，子どもたちに児童会議室を設ける意図と最低限のルール，そして，これまでの信頼があってこその新しい試みであることを伝えてから取り組み始めることに決まりました。

結果として，子どもたちは節度のある使い方を心がけてくれました。時折，部屋が片づかないなどの問題もありましたが，それも予想されていた範囲です。公共の場の使い方を学ぶ，とてもよい機会にもなりました。

☑ 児童会議室の環境を整える

何か特別なことをする必要はありません。ここでもやはり，教室での当番活動や係活動での取組を支えるための工夫を取り入れてみましょう。

①児童会議室のネーミングを工夫する

　児童会議室という名前のままでは味気ないので，運営委員会の子どもたちと，素敵なネーミングを考えてみましょう。

②文房具や活動のための道具を置いておく

　画用紙や模造紙，マーカーペン，代表委員会グッズなど，その都度必要になったものを置き貯めていってもよいでしょう。

③児童会活動の歩みを視覚化して掲示する

　児童会活動の予定はもちろん，それまでの活動や学校行事，代表委員会などの足跡を掲示しましょう。自分たちの活動や成長を振り返るだけでなく，学校への愛着も生み出すことができます。

④話合い活動に適した，コの字型に机を配置する

　いつでも話合い活動を始めることができるように準備しておきましょう。教室に入っただけで"始めるぞ！"という気持ちになります。

心得 35

児童会議室をたくさんのワクワクを生み出す場所にしたい。
そのためには，子どもたちに委ねる勇気をまず大人がもとう。
この部屋は児童会活動で学校をつくっていくという誓いの場になる。

36 他校の運営委員会と 関わる機会を設ける

互いの取組の様子を情報交換したり，1つの目的に向かって協同して活動に取り組んだりしてみよう。
学校の代表としての責任感をいっそう育んでいくために。

☑ 中学校ブロックでの関わりで地域の問題に目を向ける

このごろは，ICT 機器の授業への導入が進み，遠く離れた場所の他者と自分たちとを結んだ遠隔授業が行われることが増えてきました。これまでは，場所や移動の制約がありましたが，映像と音声のリアルタイムのやりとりを通した，双方向的な学びの場の展開が可能になっています。

子どもたちは，他校の子どもたちとつながり，互いの学校で抱える諸問題の解決にあたっていくという経験をあまりしたことがないかもしれません。そのため，場の設定や相手校との事前の打ち合わせなど，大人からの支援はある程度必要でしょう。また子どもたちが活動に行き詰まっていたり，その打開策を求めていたりするとき「他の学校の運営委員会ではどんなことをしているのか気になる？」と投げかけてみるのもよいでしょう。地域を巻き込むような活動であれば，近隣の小学校の児童会や中学校の生徒会との連携も可能であることを示してみるのもよいでしょう。

他の学校と子ども同士のつながりを生み出そうとするとき，まずは，大人同士のつながりや関わりがある程度できていることが欠かせません。そのため，私はまず，中学校ブロックでのやりとりから始めてみることをおすすめします。**同じ地域に暮らす者同士での関わりができるようになると，徐々にその輪を広げていくことができます。**

まずは，簡単にできるメールなどのやりとりから始めてみてもよいでしょう。委員長をその中心として，お互いの児童会目標や，そのときに行われている行事や児童会活動などの紹介をしていきます。困っていることや悩んでいることがあればその都度質問をして，児童会活動の様々な取り組み方を吸収していきます。

　もし，委員会活動の時間が重なっていたり，調整することが可能であったりするならば，ビデオ会議などを通じて，リアルタイムに交流をしてもよいでしょう。相手の顔が見えることで，その関わりにいっそう現実味を加えることができます。

　しかし，忘れてはならないのが，**このような活動に取り組むことの了解を校内の教職員の先生方から先に得ておく必要がある**ということです。また，ICT 機器の正しい設定やカリキュラムの調整についても，事前にその担当の分掌の先生たちとよく確認しておく必要があります。こういったことについて関係する学校の中で十分に検討が済んだうえで，他校との連携を始めることができます。

　少しハードルが高い取組だと感じられるかもしれませんが，"運営委員会として何か新しいことに挑戦してみたい""子どもたちの可能性をもっと引き出してみたい"と思う場合には，ぜひ選択肢の１つとして検討してみてください。

心得 36

何事も，できないと思って最初からあきらめてしまってはいけない。
"自分たちにはこんなことまでやってみせる力があるんだ！"と，
子どもたちに素敵な勘違いをもたらすだけの力がここにある。

願わないことは叶わない！

「願わないことは叶わない！　みなさん，がんばっていきましょう！」
　そんなことを子どもたちに語りかけると，みんなポカンとした表情を浮かべ始めます。先生はいったい何が言いたいんだ…と。

　「みんなは，毎週やっている漢字の小テストに向けて勉強するとき，『100点をとりたい！』と強く願っていますか？　それとも『80点くらいでいいや』と思って勉強していますか？」と聞くと，子どもたちはそろって「『100点をとりたい！』って思って勉強しています！」と答えてくれます。

　「そうだよね，『100点をとりたい！』って強く願うからこそ，それに向けての努力をすることができるんだよね。でも，いくら強く願ったとしても，100点をとれないこともあると思う。そんなとき，自分のやってきたことには意味がなかったことになるのかな？」。すると，子どもたちは「そんなことないよ。そのがんばったことが大切なんだよ！」と返してくれます。

　「先生もそう思います。だからこそ，みんなにはやる前からあきらめないで，できる限りの高い目標を自分のために持ち続けてほしいんだ。それが，『願わないことは叶わない』ということだよ」と締めくくります。ここまで話せば，言葉の意図を理解し，納得してくれることがほとんどです。

　でも，実はこの話をしているのは，学級活動や委員会活動のはじめのオリエンテーションだったりします。自分や自分たちの生活がどうなっていたら幸せだと思うのか。そんなまだ届かぬ幸せを願い続けることが，自らの歩みを進める原動力になっていくのではないでしょうか。
　特別活動では，まさにそんな生きるための力を，育んでいるのです。

第5章

異年齢集団活動を動かす

Chapter **5**

37 異年齢集団活動の意義を見直す

CHECK
"人と関わる喜び"を味わわせたい，異年齢集団活動。
そんな社会性の基礎を確かに育んでいくためには，交流活動を通して子どもたちが育つメカニズムを正しく理解しよう。

☑ "人と関わりたい"という意欲そのものの低下

　みなさんの学校では，異年齢の交流活動はどのような形態で行われていますか。1〜6年生がすべてのグループに所属するように割り当てられてそのグループで1年間活動に取り組む場合もあれば，ペア学年での交流活動にとどまる場合，もしくはそういった異年齢での定期的な交流そのものが設定されていない場合もあるかもしれません。

　もともと，子どもたちの"社会性"が乏しくなってきたという問題への言及から，異年齢の交流活動が学校教育へ組み込まれるようになりました。しかし，昨今の取り組み方では十分な成果や効果が表れず，目に見えての変容もあまりないばかりか，6年生など一部の学年に運営面での過度な負担がかかり，教育課程を圧迫する一因にまでなっていることがあります。

　集団で取り組むあいさつ運動や休み時間などに行う集団での遊びの計画と実施といった，交流活動で多く見られるものが，果たして子どもたちの社会性の変容にとって最もよい手立てであると言えるのかは疑問です。あいさつをすると人と人とが仲良くなる，というメカニズムはどこからやってきたのでしょうか。遊びに取り組む際に，あいさつやルール説明などの言葉を事前に考えて練習をしておくことが，どれだけ"社会性"と直結していると言えるのでしょうか。

問題発見や課題遂行の力を育むことは，特別活動の他の内容でも行うことができます。ここでは，他のだれにも強制されない自然で自由な時間の中で，**友だちと一緒に遊ぶことを通して"友だちと関わることは楽しい""友だちの笑顔をもっと見たい"といった社会性の基礎の部分に焦点を当てて活動を見直していくべき**です。そうした基礎の部分があるからこそ，人は相手との関わり方を見直そうとしたり，改善していこうとしたりするのでしょう。今一度，みなさんの学校の異年齢交流を振り返ってみてください。

☑ 適切な関わり方を大人から実践していく

　すべての子どもが人と関わる喜びや自信を獲得するというのは，短期的にできることではありません。ここで大人に求められるのは，**異年齢の交流活動を適切に教育課程の中に設定して，年間を通して繰り返し関わり合える時間と場を設けること**です。遊びがうまくいかなかったり，ケンカが起きてしまったりすることも織り込みながら，焦らず，じっくりと取り組ませていきましょう。とにかく遊び，触れ合う。大人が温かい眼差しで見守り，安心して遊びに浸らせていくことで，子ども同士の自然な関わり合いが生まれ，そこで作用する集団の力が子どもたちを育んでいく。そのためにも，活動のねらいを正しく捉え，適切な関わり方を大人から実践していく必要があります。

　異年齢集団活動を動かすにあたって，目先の活動の工夫や改善よりも，まずは大人のマインドセットを変えていくことが必要です。

心得 37

どんな学習過程やプログラムを設定するとしても，異年齢の交流活動の意義と意図を正しく理解していることが欠かせない。
"社会性"という漠然とした言葉を今一度考え，捉え直してみよう。

38 年間の活動をデザインする

 子どもたちが楽しいと感じやすいもの，取り組みやすいものから始めていければよい。大人が子どもを楽しませようとしたり，上級生が下級生を楽しませようとしたりする必要はない。

☑ 効果が上がる交流活動のポイントを押さえる

　交流活動の中で気になる状況がありました。活動を進めている6年生たちが，あらかじめ話し合って決めた自分の役割に取り組むだけで，遊びの最中はその輪の中に加わらず，外から見ているのです。遊びの中で互いを名前で呼び合うことがなく，登下校ですれ違ったり廊下で出会ったりしても，あいさつを交わす様子もありません。1年間の活動を終えたふりかえりで，班の友だちの名前と名前以外に知っていることを聞いてみると，数人の名前すら思い出せない子どもがいました。果たして，このような状況で〝人と関わりたい〟という意欲を育むことができたと評価してよいのでしょうか。

　前項でも述べたように，異年齢の交流活動を改善するためには，大人である教職員側の考え方を大きく変える必要があります。大人が子どもたちの前にレールを敷いて歩ませるのではありません。子どもたちが互いに手を取り合いながら歩みを進めていけるよう，そのための遊びの時間と場所をしっかりと確保して，見守ってやることが大切なのです。また，遊びの中で困ったことがあったり，次に向けて工夫したいことが生じたりしたら，それらを話し合って解決するための時間と場所も設けてやればよいのです。**大人が子どもたちに投げかけるべきは，いつでも〝「みんな」にとって楽しい時間を目指そう〟ということ。**その本質を捉え損ねてはいけません。

それでは，子どもたちが"人と関わりたい"という意欲を獲得できる活動に向けて，どのようにデザインしていくことができるのでしょうか。考えられるポイントをいくつかあげてみます。

①縦割りの活動班を6年間固定化する
　1年間に数回程度の活動で人間関係を育んでいくのは難しいことです。入学から卒業まで同じ班に所属することでお互いのことがわかってくるだけでなく，6年生を送り出したり，1年生を迎え入れたりする自然な気持ちと習慣が育まれていきます。

②毎週決まった曜日の朝の時間に15分の活動の時間を設ける
　繰り返し相手と接すると印象や好意度が貯まる"単純接触効果"をねらい，短い時間でも繰り返し関わり合える時間を設定します。充実した遊びを目指すため，テンポのよい活動にもなります。

③年に数回，45分の授業時間の中で遊びに浸れる時間を設ける
　カリキュラムと照らし合わせながら，可能な回数だけ行いたいものです。会をリードする上級生には，この時間の前に，準備に取り組む時間を必ず確保します。下級生もふりかえりを行い，上級生への感謝や次回の活動への願いを引き出したいところです。

心得 38

子どもたちの"社会性"を交流活動で育てていくためには，子ども自らに"関わり合う喜び"を感じ取らせる正しいメカニズムをすべての教職員が理解して，適切に対応していかなければならない。

39 評価の観点と方法をデザインする

 CHECK

クラスの子どもたちが教室を離れたところで成長していく姿。
目の前でその姿を見て，声をかけたり励ましたりしている担当者
からのフィードバックは，何よりも欠かせない大切なもの。

☑ 目指す子どもの姿を教職員で話し合うことが大切

　どの学習でも評価には３つの観点があり，異年齢の交流活動でもそれは同じことが言えます。ややもすると，活動での評価を６年生などの上級生たちだけに与えている場合もあるかもしれません。しかし，それは違います。１年生から６年生まで，すべての子どもたちに指導すべきことがあり，評価も行います。活動の様子は刻一刻と流れていくだけでなく，そもそも活動に臨む前にそれぞれの教室でどのような指導がなされていたかが違います。つまり，指導者と評価者が一致しないことがあります。そこで，私たち教職員は，**今の子どもたちの姿から１年後にどんな成長を目指すのか，しっかりと共通理解を図る必要がある**のです。

☑ よかった姿を短冊に書いて子どもに手渡す

　異年齢の交流活動を決して大人からの押しつけにせず，子どもたちの自然な成長に委ねて進めていくことは，前項でも述べました。では，活動を見守る担当の教職員はどんな心構えでいればよいのでしょうか。私は**"久しぶりに出会う親戚の子どもを迎えるような気持ち"**でいればよいと考えます。

　学級で担任している子どもたちとは毎日顔を合わせます。常におだやかな気持ちで見守りたいものですが，時には子どもたちの立ち行かない姿に心が

波立ち，つい小言をもらしたり，叱ったりしてしまうこともあるものです。これは，子どもたちに一番近い立ち位置だからこそ，感度の高いアンテナを張り巡らせてしまう親のような心境といったところでしょうか。

一方，交流活動の担当者は，その教室に訪れる子どもたちとは，普段はあまり関わりがありません。学校の廊下で何気なくすれちがう程度だったり，前回の活動以来の関わりだったりするでしょう。そんな子どもたちを目の前にしたとき，多少の羽目をはずした姿やどうということはないミスや失敗も愛おしく目に映り，余裕をもって温かく励ましたり，労ったりすることができるものです。

そこで，目の前の子どもの特筆すべきよさを見つけたら，右のシートに書き留めます。それらを1つずつ切り取って短冊にして，教室に帰る子どもに「今日は楽しかったね。これ，担任の先生に渡してね」というひと言とともに手渡します。このようにして**活動での成長を担当者と子どもと担任とが共有していくことが，適切な指導と評価を結びつけていくことにつながる**のだと思います。

Z グループ			たてわり活動　がんばっていたところ見つけ
日づけ	グループ・組長　年・組	名前	がんばっていたところ
4月23日	Z はしもと	6年2組　たかみすあき	ペアの1年生が泣いている間，そばに寄り添いながらも，グループ全体を見渡して，仲間の6年生に次の活動の声をかけていた。ペアが泣き止むと「大丈夫だよ」とほほえみ，相手を安心させていた。
日づけ	グループ・組長　年・組	名前	がんばっていたところ
日づけ	グループ・組長　年・組	名前	がんばっていたところ
日づけ	グループ・組長　年・組	名前	がんばっていたところ
日づけ	グループ・組長　年・組	名前	がんばっていたところ
日づけ	グループ・組長　年・組	名前	がんばっていたところ

心得
39

異年齢の交流活動で，子どもたちに何を教えて何を引き出すのか。評価の観点とその蓄積の方法を確立していくことが，私たち大人の指導をさらに改善していくことにつながる。

学校だからできること

　全校遠足の学校までの帰り道，顔も名前も思い出せない上級生にリュックを持ってもらい，手を引かれながら歩いた思い出。小学生のころに経験した，おぼろげながらも今でも覚えている出来事の1つです。

　当時は，同じ学年の友だちと公園に行くと，上級生のお兄さんお姉さんがいて，遊びの輪に入れてもらったり，ケンカが起きれば仲裁に入ってもらったりすることもよくありました。そんな自然な関わりの中で，年少者は年長者から，友だちとの関わり方や遊び方はもちろん，人としてのモラルや情緒的な安心感など，様々なものを学ぶことができました。

　当時と今とを比べて憂いているわけではありません。生活を支えるインフラや様々な機器の普及から，生活の利便性は確かに向上しています。しかし，人が人と関わり続ける中で，複雑で多様な体験を重ね，身につけることができたものが，すぐその場で感じることができる簡便さや快適さを欲する昨今の風潮を前に，どこかその価値を感じられにくくなってきているのではないでしょうか。

　そこで，学校という場所が，同質な子ども同士だけでなく，異質な子ども同士の関わりを生み出せる場としての役割を担う必要性が生まれます。たまたま同じ地域に住んでいる同年齢の子ども同士を同質であると考えるのは，いささか強引なところもあるかもしれません。しかし，人との関わり方についての経験の蓄積という意味では，ほぼ同じと考えてもよいでしょう。

　異年齢の交流活動で身につける学びこそが学校としての財産であり，子どもたちの中に脈々と受け継がれていくのです。

第6章

学級活動を動かす

Chapter 6

40 まずはやってみる，
そして続けてみる

 特活主任として，学級活動にも力を入れていきたい。
そのときに忘れてはいけないのが "汎用性" と "持続可能性"。
奇をてらった活動ではなく，地に足をつけた実践を目指したい。

☑ 学級でできないことは，学校全体でもできない

　特活主任というと，学校全体を動かすものという意識が強くなりがちですが，おろそかにしてはいけないのが，自分の学級です。

　特活主任になると，

　「当番の表や係のポスターの掲示物はどうすればよいのですか？」

　「学級目標は，どのようにつくって決めていくとよいのですか？」

　「学級会の司会グループにはどんな指導をすればよいのですか？」

などの質問を受けることもあります。

　質問を受けるまではいかなくとも，"あの先生のクラスはそうやっているのね" と見られていたり，1つの目安とされていたりすることがあります。とすると，特活主任は，何を言うかではなく，何をしているかが大切であることがわかります。

　私の特活に対する信条に **"打ち上げ花火より線香花火"** というものがあります。これは，"あの先生やあのクラスだからできた" という実践を探究していくのではなく，"どの先生やどのクラスでも，ある手立てを踏めば一定以上の成果を望むことができる" という実践を見いだしていくという意味です。そういう意味でも，**特活主任にとって自身の学級は，仮説と検証のサイクルを回していく場でもある**わけです。

☑ 学級活動と児童会活動のつながりを考える

　あるとき，代表委員会の司会グループへの事前指導を1年生の自分の教室で行っていました。上級生のお兄さんお姉さんに惹かれたのか，学級の子どもたち何人かもそばにいてこちらの話を聞いていました。その中の1人に，近日行われる学級会の司会役の子どももいました。その子はどこかにいなくなったかと思うと，学級会用の司会マニュアルを持って戻って来るではありませんか。学級会用の司会マニュアルを代表委員会用にアレンジして使っていたため，見た目や内容がそっくりで，うれしくなって持って来たようです。そしてこのことが，私に大きな気づきを与えてくれました。

　私が上級生に話合いの進行を整理するポイントなどを伝えていると，「それってどういうこと？」と学級の子どもが聞いてきます。「それはね…」と私が答えようとすると，上級生が私に代わって答えてくれるではありませんか。学級会と代表委員会の司会グループへの指導は別物だと考えていた私は，すぐにその誤りに気づきました。確かに，**若干の内容や段階の違いはあれど，そこに込めた願いやねらいはどちらも同じであり，そこにも子どもたち同士で学び合う余白が残されていてよかった**のです。

　すてきな子どもたち同士の関わりと自分なりにブラッシュアップをかけ続けてきた資料とがあったおかげで，学級活動の延長線上に児童会活動があることに改めて気づかされた瞬間でした。

　それからというもの，代表委員会の司会グループへの指導と学級会の司会グループへの指導は，できる限り同じタイミングで行うようになりました。

心得
40

学校という広い社会の中には，たくさんの学級がある。
学級と学級がつながる。学級と児童会，さらに学級と学校がつながる。
特活主任として，学校全体を考えることと同じくらい学級を思う。

41 教室に年間の学級活動の見通しを掲示する

子どもたちと一緒に取り組みながら築いていきたい学級の文化。その場の思いつきや積み重ねのない活動にしないためにも，学活のオリエンテーションでは，活動計画を考えよう。

☑ ワクワクする気持ちが生み出す，学級活動

　4月のはじめのころ，時間割に"学活"という札が貼ってあると「先生，あれなんて書いてあるんですか？」と聞かれます。「あれは"がっかつ"って読むんだよ」と答えると，納得した表情で席に戻っていく子もいれば，それでもなお不思議そうな顔をしている子もいます。週に1回は行われているはずの学級活動があまり浸透していないのかな…とさびしくなる瞬間です。

　さて，学級活動は，教科書はもちろん副読本を使うこともあまりなく，ほとんどが学級担任の裁量に任されています。そのため，何をしたらよいのか，どうしたらよいのかがわからず，おざなりな活動になってしまっている状況も目にします。そんな状況をどうしたら打開できるのか悩んでいたときに取り入れたのが，**子どもたちとの年間の活動計画の作成と掲示**です。

☑ 子どもたちの活動経験を知り，1年後の姿を思い描く

　学習指導要領の学級活動の内容 "(1)学級や学校における生活づくりへの参画" は，子どもたちとのオリエンテーションを迎える前に，ある程度の見通しを立てておきたいところです。そして，迎えたオリエンテーションでは，学級活動は楽しい学校生活をつくっていくための大切な場であることを丁寧に価値づけます。そのうえで，子どもたちと活動計画を考え，壁面に掲示するところまでもっていきます。クラスで年間の活動計画を立てる際のポイントは次の通りです。（？は教師からの質問，！は投げかけです）

> ①全校での行事を確認する
> 「これまでにどんな行事があって，それはいつごろにあった？」
> ②新しい学年での行事を確認する
> 「○年生では，どんな行事があるでしょう？」
> 「○月にどんな行事があるか，年間行事を見てみようか？」
> ③クラスでやりたいことを出し合う
> 「これまでに，学活ではどんなことをしていたの？」
> 「今年もみんなでやってみたいことはあるかな？」
> 「学級会は，役割をみんなが経験したいから○回だね！」
> 「クラスの集会は，他の行事とかぶらない時期にしたいね！」
> 「行事のためにも，回数に少し余裕をもっておきたいね！」

心得
41

"学級を子どもと大人とで築いていくんだ！" という意思の表れが，活動計画。1年間を通してどんな活動が待ち受けているのか。考えるのも，つくるのも，眺めるのも楽しみな計画をつくっていこう。

42 教室に学級活動の足跡を掲示する

CHECK

自分たちの歩みを写真と言葉で残していくのはどうだろう。
自分たちの成長と，これからの課題の両方を見つけることが，
さらなる学級活動の充実へとつながっていく。

☑ 実施したものから足跡につくり替えていく

　みなさんは，教室の壁面をどのように使っていますか。私は，学年で統一
するなどのきまりがなければ，後ろの壁面を年間の活動計画とその歩みを掲

示する場所にしています。休み時間には子どもたちが自分たちの写真を眺めながら笑い合っていたり，授業参観では保護者の方が後ろを見上げて教室での様子を把握してくださったりと，様々な場面で活動の歩みを振り返るよいツールとなっています。活動の中でも「先生，このショットは絶対に飾られますよね！」と言われたり「集合写真を撮るプログラムを入れておきました。先生はカメラを準備しておいてくださいね！」と頼まれたりすることも多く，足跡が増えていくことをとても楽しみにしている様子が伺えます。活動を終えたときの気づきや気持ちを，対話を通して振り返ったり，ワークシートで書き残したりもしますが，後々に思い出したり，見返したりすることはあまりありません。しかし，この方法なら，**ふりかえりの様子を集約して書きまとめることができ，いつでも見返すことができるので，とても効果的**です。

　低学年のうちや，この方法にあまり馴染みがないうちは，大人が主導で進めていくことが多いです。しかし，しばらくすると子どもたちの方から「先生，ぼくたちも文章を書いてみたい！」と言ったり，「思い出係をつくって，iPad で写真を撮ってもらうのはどう？　アルバムもつくれるよ！」と提案したりしてくれます。また，**その活動や集会を計画・運営した係や実行委員に，ふりかえりの機会として役割を委ねてみるのもよいでしょう。**

　さて，最もうれしかったのは，次の集会の計画を考えているメンバーが，前回の集会の足跡を眺めながら，そこでの成果や反省を見いだして，集会に役立てようとしていたときでした。願い続けていた学びに向かう姿を目の当たりにすると，"続けていてよかった…"と心から思うものです。

心得
42

掲示物は飾りではなく，そこに込められた思いが相手に届いたり，それをきっかけに新たな学習や活動が生まれたりするものにしたい。長く，楽しく続けられる方法で，学級の足跡を蓄積していこう。

43 子どもたち全員に 司会グループを経験させる

CHECK 司会グループでは，話合いをリードする役割を担うことができる。やりたい子どもや，力のある子どもに任せることは簡単だが，いつもと違う役割や立場に挑戦する機会も大切。

☑ 挑戦する機会を与えられるのが学級活動のよさ

12/8 第4回 「給食の準備の時間に大切にしたい過ごし方を決めよう」

自分の役割を果たそう！スピーカー、リスナー、運営

経験を基にして話し合えるといいよね！これまではどうだったのかな？

自分の意見がみんなにとっての意見になっているかどうかを考えよう！

 司会　 副司会　　 黒板記録　　 ノート記録　 提案者

　みなさんの学級では，1年間で学級会を何回行えていますか。また，その回数は指導計画で予定している回数と比べてどうですか。

私の場合は，年に７回程度は予定して，月に１回ずつ学級会を開いています。なぜなら，学級のすべての子どもたちに司会グループを経験してほしいと願っているからです。７回という回数は，みなさんにとって多いですか，少ないですか。

　さて，私が考える司会グループのメンバーは，司会，副司会，黒板記録×２，ノート記録×１の計５名です。それに提案者の子どもやサポートの担任を加えたメンバーで，学級会を運営していきます。司会グループの子どもたちは，名前順に５名ずつを割り当て，提案者は，その議題を考えた子どもにお願いしています。

　はじめのうちは，私の方から声をかけて役割を決めて準備に取りかかるように促していますが，数回を終えるころには，子どもたちの方から役割を決めたり，議題を集め出したりと，動き始めます。**このあたりにも，年間の活動計画を掲示しているよさが表れています。**

　すべての子どもたちが司会グループを経験することのよさは，学級会での相手を思いやった意見の出し方や，ふりかえりの言葉でわかります。

　「司会者さん，１分間だけ近くの友だちと話し合う時間がほしいな！」

　「○○さんがノート記録の発表のときに，いつもより大きな声を出して言っていたのがよかったです。○○さん，お疲れさまでした」

　「みんなが反応を返してくれることで，司会をしていて不安な気持ちがだんだんとなくなっていきました。私も話合いの中で反応をしっかりと返していこうと思います」

心得43

子どもたち全員に実体験の伴う学びの機会を与えたい。
相手の立場を知ることで，配慮や思いやりが生まれるもの。
小さな背伸びが子どもの見方を広げ，高めていくことになる。

44 学級活動(1)は ICT機器を積極的に活用する

学級活動にも積極的にICT機器を取り入れていこう。
特に紙ベースで行うことが多い学級活動(1)は，新しいやり方に
変えられるところも多いはず。校内にも発信していこう。

☑ 紙ベースのよさとICT機器のよさを天秤にかける

---

5 話合いを進めよう まとめる ①

まとめた考えの内容と理由に全員納得
*Aという考えが多いようなので
　Aという考えに決めてもよいですか。

まとめた考えの内容と理由に一部心配
*Aという考えに心配の人は，
　ここまでの話合いでどう思いますか。

いくつかの考えの内容と理由に全員納得
*AとBの考えを合わせて
　Cという考えに決めてもよいですか。

　例えば，司会と副司会の子どもたちの手元にある，司会用のマニュアル。
これまでは，印刷したものを複数用意して手渡していましたが，今では

PDF ファイルにして，すべての子どもたちに配付しています。話合いの回数を重ねていく中での修正やブラッシュアップも容易です。また，話合いの進行に合わせてテレビの画面に映したり，参加者の子どもたちが手元で見えるようにしておいたりすることもできます。あるとき，参加者の子どもから「司会者さん，友だちの意見を聞いていると"AとBをまとめる"のまとめ方が使えそうじゃないですか？」と話合いを方向づける合意形成の仕方についての意見が出たこともあります。

他にも，クラスのマスコットを投票で決めるときに，アンケートへの投票機能をもったアプリを活用したことがありました。これまでなら，1つずつ子どもたちに挙手をしてもらい，それを数えて…という方法でした。しかし，ボタンを押した瞬間に目の前の棒グラフの高さで結果がすぐにわかる機能は，子どもたちの興奮と盛り上がりを引き出すことはもちろん，担任にとっての時短にも大きな効果をもたらしてくれました。

また，原案用紙も紙ベースから抜け出せた1つです。あらかじめ原案用紙の枠だけのデータをつくっておき，そこにマークアップ機能で書き込みをして完成を目指します。紙ベースのものに比べて修正が容易であったり，数人で同時に編集をすることで協同を生み出すことができたりと，ここにも ICT 機器を生かせるところがありました。

このように，私たち大人にとっての活用はもちろん，**子どもたちにとっての活用の視点ももつことが大切**です。どんどん使っていく中で，子どもと大人が一緒になって活用の方法を模索していきましょう。

心得 44

よりよい人間関係を築き，かけがえのない学級文化を彩っていくには，常に教師が学び続け，よりよいマインドと実践を取り入れていきたい。ICT 機器の活用は，まさにその核となる部分といってもよいだろう。

45 学級活動(2)(3)は低中高 ver. を発信する

☑ めあての立て方を学ぶ学級活動(2)(3)

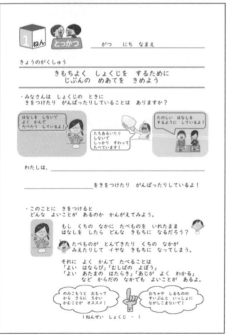

学級活動(1)の学級会や集会活動に取り組んでいない先生や教室を目にしたことはありません。しかし，学級活動(2)(3)の毎月の実施となるとどうで

しょうか。1年間に10回程度の実施が見込まれる活動ですが，実際の実施状況はおそらく数回…，というのが実情であり，大きな問題をはらんでいると思います。察するに，何をどうしたらよいのか，そもそも新しく生まれた学級活動(3)とは何なのか，そのあたりを特活主任として学校全体に周知していき，現状の打開を目指していかなければならないのでしょう。

　さて，学級活動(2)(3)とはズバリどんな学習なのでしょうか。私の尊敬する先生の言葉からお借りすると"学級活動(2)(3)は，めあての立て方学習である"ということができます。様々な題材とその内容ごとに，今の自分の生活や学習に向かう姿と目指したい姿とを照らし合わせながら自分に必要なめあてを立て，後日，ふりかえりを続けて行います。ここでは，話し合う力はもちろん，**自分を客観的に俯瞰してとらえるメタ認知の力や決めたことに粘り強く取り組む継続の力を養うことができます。**これらは"答えのない時代"を生きていくとされる子どもたちには欠かせない力と言えるでしょう。目標やめあてを掲げることのよさを子どもたちに味わわせたいものです。

年	組	
月　　日	自分だけの食事のめあて	

心得 45
めあての立て方と振り返り方は，一朝一夕では身につかない。
毎月粛々と続けていくことが，子どもたちの成長への王道になる。
そのために，任せっぱなしにならないような環境づくりを。

【イラスト出典】
・イクタケマコト（2017年）『1年中使えてカンタン便利！　小学校　学級経営
　いろいろテンプレート DVD－ROM 付』p.40，79，83（学陽書房）
・イクタケマコト（2015年）『カンタンかわいい　小学校テンプレート＆イラスト
　CD－ROM 付　低・中・高学年すべて使える！』p.18，26，80，86（学陽書房）
※掲載にあたっては，著作権者の許可を得ています。

46 級外の先生方にも 授業づくりに参加してもらう

CHECK 学級活動だからといって担任だけの力で指導するわけではない。必要に応じて，特別な力や技能をもっている先生を招き，ゲストティーチャーとして活躍してもらえる空気をつくっていこう。

☑ 学級王国はやめ，学校全体を学級活動王国に

　学年担任制が注目を浴びつつあるものの，１つの学級を１人の担任の先生が１年間通して見守る固定担任制は，今しばらく主流であり続けるのでしょう。固定担任制では，その１人の担任の裁量によって教室内の規則や文化のものさしが示されていて，学級王国にも学級崩壊にもなり得る危険性をはらんでいると言われています。

　さて，総合的な学習の時間で地域の匠を招くときも，外国語活動の時間でAETを伴うときも，担任がT１であることには変わりありません（もちろん，教科担任制で音楽や図工などの技能教科の指導を他の先生に委ねるときは，この限りではありませんが）。

　それなら学級活動だって，担任１人の力で指導にあたるのではなく，必要に応じてゲストティーチャーを招いたり，その特定の力をもつ教職員の手を借りたりすることだってあってもよいのではないでしょうか。

　とはいえ，担任ではない教職員の先生方にもお仕事があります。無理のないところで「どうか子どもたちのために」と身を低くして頭を下げ，お願いに上がりましょう。もちろん，時間が合わず断られることもあるかもしれませんが，**こんなときは普段からの関わりがものを言います**。もともと様々な人との連携が欠かせない特活主任ですが，自分の学級だけでなく，全校の子

どもたちのために力を貸していただくためにも，人としての心地よい関わりを続けておきたいものです。

　では，どんな活動で級外の先生方の力を借りて授業づくりを行っていくことができるでしょうか。ここでは，スペシャルゲストに学校用務員さんをお招きすることを考えてみます。例えば，教室の掃除にはじめて取り組むことになる1年生。ほうきの掃き方や雑巾の絞り方，床の拭き方など，担任の先生が教えたってよいことです。しかし，ここで「学校をいつもピカピカにしてくれて，一番お掃除が上手な先生をお招きしているよ！」なんて投げかけてから学習を始めてみたらどうでしょう。生活科との関連があるだけでなく，**子どもたちの日常にちょっと特別なスパイスが加わり，忘れられない体験へと昇華させていくことができるかもしれません。**実際，その日の下校後，教わった雑巾の握り方をおうちの方に実演して見せた子どももいました。

　他にも，学級活動(3)の"イ　社会参画意識の醸成や働くことの意義の理解"ではどうでしょう。学校生活にも慣れると，毎日変わらず行われる掃除の時間になかなか身が入らず，クラスの仲間のために力を尽くすことであったり，身の回りをきれいに整えて過ごそうとする意欲だったりが欠けてしまうことがあります。そんなとき，やはり同じように身近にいるプロフェッショナルとして学校用務員さんをお招きして，働くことの意義や掃除をすることへの意味づけを語っていただくのです。決して長くはない時間の中でも，子どもたちが話に聞き入っていた様子が今でも思い浮かびます。

　このように，級外の先生方の力を学校全体の学級活動に生かしていくための先駆けを行っていきたいものです。

特別活動を推し進めていきたいのなら，まずは学級活動から。
そして学級活動を推し進めていきたいのなら，目には見えない垣根を
取り払って，風通しのよい活動を生み出していくことが欠かせない。

47 活動のヒントを 上の学年の教室に見つけに行く

困ったことがあったとき，活動へのきっかけがほしいとき，
子どもも大人も上級生の教室を訪れてみてはどうだろう。
活動のヒントは，教室環境や子どもの姿から見えてくるもの。

☑ 困ったときはお互い様，いつでも頼れる関係を築く

"担任の先生の力だけではなく，広く教職員の先生方の力を借りながら学級経営を行っていこう。そして，そんな助け合いの雰囲気を学校全体に巻き起こしていこう"というのが前項の主旨でした。でも，この雰囲気って，子どもたち同士の中にもあっていいですよね。

例えば，自分たちの教室の掃除ロッカーがなかなか片づかず，すぐにグチャグチャになってしまう。そんな問題を子どもたちが発見したときに，私たち大人はどうしたらよいのでしょうか。

①毎日放課後にチェックをして直す
②子どもたちによい片づけ方を教える
③「別にいいんじゃない」と気にする問題ではないことを伝える
④「他の教室のロッカーはどうなんだろうね」と自分も困る

みなさんならどれを選ぶでしょうか。はたまた，もっと別の指導方法を思い浮かべているでしょうか。私なりに考えた，学級活動の最適な指導の手立ては，④の"先生も子どもと一緒になって困る"というものです。

やり方や答えを教えてやることは簡単にできます。時間も手間もかかりま

せん。しかしそれでは，問題を発見する力や，問題を解決していく力を子どもたちが身につける機会を奪ってしまうことになります。

　④のやり方なら，先生が手を出さないことが，問題を先送りすることやうやむやにすることにもつながりません。先生自身が問題だと思っていることをヒントとして伝えることで，子どもも問題を捉えることができ，子ども主体で学級の活動が起こっていくのです。**学級の問題を解決していく主体者は，いつだって子どもたちでなければならない**のです。

　ここで例にあげた掃除ロッカーの整頓の他に，３年生の係活動の充実や，教室掲示の工夫のために，子どもたちが実際に上の学年の教室を訪れてリサーチを行い，自分たちの活動に取り入れていたことがありました。「先生，本当に見に行ってもいいの？」と不安そうな子どもたちも「大丈夫だよ，みんなが遊びに来てくれたら，お兄さんやお姉さんもうれしいんじゃない？あいさつだけはしっかりとするんだよ」と私の根拠のないアドバイスに目を輝かせ，休み時間になると一目散に教室を飛び出していっていました。休み時間を終えて教室に戻ってくると，ノートやメモを見ながらそれぞれの発見を報告し合って，１つの策に絞ろうとしています。それがどんな解決策であれ，自分たちで見つけてやってみようとしていること自体がすばらしいではありませんか。

　担任の先生は，「みんな，すごいねー！　もう頼りになっちゃうな」と感心しきっていればそれでよいのです。ここでもやはり，**"雰囲気づくり"に率先して貢献していく**のです。

心得 47 子どもと子どもがつながるのが学校というもの。
学級活動の充実のためには，教室の中だけで関わり合うのではなく，
教室の外とのつながりを築いていくことのよさも味わわせたい。

48 集会活動には行うための意味をもたせる

集会活動の時間を，休み時間の延長線上に置いてはいけない。
この時間の中で，どんな力を働かせて，どんな学びを得たいのか，
そんなことを子どもたちと考えながら取り組んでいきたい。

☑ どんな時間にしたいのか，そのために何ができるのか

「先生，ハロウィンも近いことだし，ハロウィンパーティやりましょう！
仮装を持って来てほしいので，帰りの会のお知らせで言っていいですか？」
と，クラスの子どもに言われたら，みなさんなら何と答えますか。

　1年間の折り返しのころでもあります。「いいね，自分たちで考えて，そ
れをやってみたいと思ったことがえらい！　それに，みんなが衣装を着たら
盛り上がるだろうね！（よーし，自分も何か着ちゃおうかなぁ。あっ，きっ
と忘れる子もいるだろうから予備の分も買いに行かないと…）」なんて初任
者のころの私なら答えていたでしょう。

　ハロウィンやクリスマスなど，そういった行事を否定しているわけではあ
りません。しかし，私たちは学級活動を通して，何かにかこつけて盛り上が
って楽しもうとする子どもたちを育てようとしているわけではありません。
折に触れて，節目をつけながら日々の生活をかけがえのないものにしていこ
うとすることができる，そういう子どもたちを育てていきたいわけです。

　では，こういう場合はどうでしょう。「先生，もうすぐお正月でしょう。
年賀状に，4月からのありがとうと3月までのよろしくねを書いてクラスの
友だちに送りたいじゃないですか。でも，私たちみんなの住所なんて知らな
いし。クラスの集会で年賀状を書いて，交換することとかやっちゃだめです

か？」とクラスの子どもに言われたとき。"うーん，お正月も1つの行事に過ぎないし…"なんて思ってしまうかもしれません。しかし，ここで注目したいのは，**子どもの言葉の中に宿る思いの部分**です。4月からの感謝と3月までの親睦を伝え合いたいという願いを，学級活動のねらいと照らし合わせてみるのです。私は子どものこの投げかけを快諾しました。年が明けてお正月は過ぎてしまいましたが，この地方では珍しい大雪の降った日に，みんなで書いた年賀状の交換会を行いました。そのときに感じた心の中の温かさは今でも忘れられません。

　子どもは遊ぶことが本当に大好きです。しかし，休み時間はあんなに元気に大きな声を出している子が，次の授業ではじっといすに座り，小さな声でしか発言できない。なんとか打開しなくてはいけませんが，「じゃあ，集会でも休み時間みたいに好きなことやろう！　何でもいいよ」ではいけません。集会活動も子どもたちにとっての学びの場にしなければなりません。そこには**教師のもつねらいと子どもが目指すめあてがなければならない**のです。また，その45分間を教室で行うならまだしも，体育館や校庭などの特別教室を独占できるというのは，とてつもなく特別なことです。クラスの子どもたち全員にそんなことは伝えなくとも，集会の計画と運営を担う係や実行委員の子どもたちには，そんな話をしてもよいのではないでしょうか。「今回はなんとか体育館が確保できたよ。集会もみんなにとっての学習なんだ。先生が授業の準備をするように，みんなも準備には手を抜いてほしくないんだ。学習にはめあてが必要だね。集会の中でする遊びも，そのめあてに近づけると思うものを考えてみてね」と。

心得 48

日常の中に小さな特別を取り込むのが，クラスの集会活動。
クラスでの集会活動は児童会活動や様々な場面に生かすことができる。
集会活動で学び，日々の学びを集会活動に生かせる子どもを育てよう。

コラム

なすことによって学ぶ

　アメリカの教育学者，ジョン・デューイの言葉に "Learning by Doing" というものがあります。読者のみなさんも，デューイの名前やこの言葉を目や耳にしたことがあるのではないでしょうか。特別活動はこの "なすことによって学ぶ" ことを方法原理としていますが，アクティブ・ラーニング然り，特別活動のみならず，学習者が自ら主体的に学びに向かおうとすることのできる機会を設けることが昨今の学校には求められています。

　さて，目の前の子どもたちにアクティブ・ラーニングを求めるのであれば，まずは自分から。教師である私たち自身がアクティブ・ラーナーでなければならないのではないでしょうか。

　特活主任ともなると，子どもへの指導の場面や回数もこれまでとは大きく異なります。もちろん綿密な計画と心の余裕をもって指導にあたるわけですが，うまくいかないことだって多くあります。むしろ，うまくいかないことの方がほとんど。感動もひとしおですが，落胆もひとしおです。

　もちろん，子どもに心の傷を負わせてしまったり，取り返しのつかないことをしてしまったりしてはなりませんが，それ以外はかすり傷。それくらいの打たれ強さとしなやかさが特活主任には欠かせません。

　ではどうすれば，この先もずっとアクティブ・ラーナーでいられるのか。それは，失敗を笑い話として，同僚や子どもたちに話せるように心のもち方を変えてしまうのです。高みを目指して挑戦し続ける気概と志を胸にもって。

　なすことによって学び，失敗は笑い飛ばせ！

第7章

日々，学び続ける

Chapter 7

49 校内の学び合いの場に 積極的に参加する

 CHECK 理論と実践の両輪を確固たるものにしていくためにも，研修や研究の場に積極的に参加していくことが欠かせない。
まずは一番身近な場所で，学び合える風土を築いていきたい。

☑ 心にゆとり，唇にユーモアを携えた人になる

　私の勤めている自治体では，教職員全体のうち，経験年数が10年未満の若手教員がおよそ半数はいるといいます。そうではない自治体であっても，教師という仕事は，いわゆる OJT（オン・ザ・ジョブ・トレーニング）での教師力向上を求められていることがほとんどです。

　ついこの間まで学生だったり，別の職種の社会人だったりした教員が，十分な研修や経験を積む間もなく担当のクラスを受け持ち，学級経営という航海に漕ぎ出すことがどれだけ大変であるかは，すでに私もみなさんも知っているところです。

　現状の打開も目指していきたいところですが，一教員として現場でできることには限界があります。であるならば，せめて，不安や迷いを感じている先生たちのよき聞き役になることが，特活主任としてできることなのかもしれません。

　特活主任を任される先生は，きっと校内での期待も大きく，たくさんの仕事を担っているに違いありません。余裕がないこともあるでしょう。だからこそ，微笑を絶やさず，ユーモアをまといながら職員室の雰囲気をつくっていきたいものです。発信することの役割が大きい主任というイメージですが，**聞いてもらえるようにするための関係づくりが，まずは欠かせません。**

☑ だれよりもアクティブ・ラーナーであれ

みなさんの学校には，どんな研修や研究の組織がありますか。

分掌に位置づけられた公的なものもあれば，気の合う仲間同士で取り組むような私的なものもあるでしょう。もし，スピーカーを募っていたり，仲間を呼びかけたりしていることがあれば，可能な限り参加をしてみることがよいでしょう。

私の所属する自治体の学校では，メンターチームを1〜5年次程度の若手で組み，その中で学び合いを行います。私はしばしばこの若手のメンターチームに参加させてもらっています。チームの先生方からすると，ひと回りほど年上の私の存在は気になってしまうかもしれません。しかし，そこは互いに大人です（笑）。優しい心づかいをいただきながら輪の中に入れてもらっています。

そこで聞かれる若手の先生の素朴な疑問や悩みは，かつての自分も抱いていたものであったり，改めて気づかされたりするものばかりです。時にはそれらに対する意見や考えを求められることもあります。**自分の考えていることを言葉に変換し，さらにそれを相手が理解しやすい表現で伝えるという言語化の作業は，自分の理論と実践を振り返るのにはもってこいの機会**です。

さて，研修や研究の場を，安心して学び合える安全基地のような場所にするためには，次のようなことを取り入れてみるとよいでしょう。

"会には，必ず飲み物やお菓子を持ち寄る"

"開催する教室を固定せず，スピーカーやゲストの先生の教室で行う"

心得 49
学ぶことを誰よりも楽しむ人になろう。
自分の学んだことは，必ず目の前に子どもたちに還っていくもの。
「学校観」「子ども観」「授業観」を日々，アップデートしていこう。

50 地域の研究会で他校の主任とつながる

地域の研究会では，各校の特活部の先生たちが集まって，様々な情報交換を行ったり，実践を伝え合ったりしている。
主任だからこそ共感できる悩みや不安を，そこで伝え合おう。

☑ 勇気を出して話しかけていく

　○○主任の仕事に，校内のことだけに留まらず，学校の代表としての他校との渉外や連携も含まれているのは，きっと特活だけではありません。しかし，そうとはわかっていても，はじめての研究会や情報交換の場に飛び込み，役割を果たしながら参画していくというのは，勇気がいることです。

　かくいう私も，はじめて参加した地域の研究会では，まったくといっていいほどまわりの先生方に話しかけることができず，ただ話を聞いて帰るだけということが続いていました。笑顔で実践のあれこれや校内の近況を話しているまわりの雰囲気に，気まずさを感じていたことだってありました。

　あるとき，研究会の1人の先生が，代表者として公開授業をされたことがありました。目の前で行われる子どもたちの話合いの様子と指導案とを交互に眺めながら，自分なりに感じたあれこれを手元に書き留めていました。ふと自分の横を見ると，研究会で部長を務めている先生が立っていました。目が合って会釈をすると，部長の先生が目の前で行われている話合いに触れて感じたことを「どう思う？」と話しかけてくれました。自分でつくってしまっていた殻を，外から破ってもらったあの瞬間のことは今でも覚えています。

　どうしてもっと早く，自分からまわりの先生に話しかけにいかなかったのだろう。 それまで張り詰めていた緊張が，一気にほぐれた瞬間でした。

☑ 研究会への出張を楽しめるようになればOK

　そんな出来事があってからは，席が隣同士になったり，同じテーブルについたりした先生には，自分から話しかけられるようになりました。次第に，近隣の学校や同世代の先生をはじめとして，たくさんの先生方と知り合うこともできました。そこで交わされる話は，お互いの他愛もないことから，校内の特活のこと，主任としての提案や実践など，多岐に渡るものでした。知り合いの先生が増え，交流も増えていくと，毎回の研究会の開催を楽しみにしている自分がいることに気がつきました。「先生，今日出張なんでしょう。何だか顔が楽しみにしている感じだよ」と教室の子どもに指摘されたこともありました。確かに，研究会への参加は仕事の一環です。でも，**仕事であっても楽しんだってよい**のです。私は研究会への参加で，仲間の先生方からそんなことに気づかせてもらいました。

　今でも特活のこと，特活以外のことも語り合える仲間が私にはたくさんいます。

☑ 校内にお土産を持って帰る

　さて，せっかく研究会に参加するのですから，自己満足で終わってはいけません。校内での困り感やニーズに合った打開策，他校の実践を持ち帰って役立てることにこそ本当の目的があります。**年間指導計画の作成，話合い活動の指導，代表委員会の議題選定，周年行事への取り組み方，このあたりはたくさんの引き出しをもっておきたい**ものです。

心得
50

学校の外でも，特活を学び合える仲間を見つけよう。
励まし合い，高め合うことのできる特活の仲間は一生の宝物。
そんな仲間との学びを校内に生かしていくことを楽しもう。

51 研究会で幹事の役割を担い，アウトプットの機会を得る

頼りになる仲間とテーマに沿った研究に臨むことができるのが，研究会のよさ。そこでの学びを自分事にしていきたいのなら，会を運営する幹事の役割にも挑戦していこう。

☑ 自分の挑戦したい役割には迷わず手をあげる

　研究会によって，その組織づくりのあり方や手順には違いがあるものでしょう。もし，自分が所属している研究会の幹事の決め方が立候補制で，何かに挑戦してみたいと思っているのなら，どうかその心の灯火に蓋をせず，その中に飛び込んでみてください。私も，前項で述べたとおり，部長の先生に声をかけていただいたことをきっかけに幹事の仲間に入れていただきました。

　とはいえ，何もわからない状態で，最初の役割決めが進んでいくことでしょう。部長や副部長をはじめとする会をリードする運営の役割，実践提案や研修の推進を担う研究推進の役割，他の研究会との窓口となる渉外の役割など，役割はいくつもあげられます。経験者であれば，これまでの経験や人間関係によって決められていくかもしれません。しかし，はじめて臨む幹事の役割だとしたらどうでしょう。私は，思い切って自分が挑戦してみたい役割に手をあげてみるのもよいと思います。**はじめてでうまくいかないのは当たり前，きっとまわりの先生方もフォローしようと気にかけてくれるはず**です。

　さて，あのころの私には，少しばかりパソコンの覚えがありました。PowerPoint を使って教材をつくることに力を入れていたころでもあったので，恐れ知らずの私が手をあげたのは研究大会での発表の役割でした。

☑ 研究を３つの目で捉える

　ここでの３つの目とは"虫""鳥""魚"のそれぞれの生き物がもつ目のことです。何が言いたいのかさっぱりわかりませんね（笑）

　研究大会での発表は，たくさんの先生方にフォローいただいて，無事，盛会のうちに終えることができました。そのときのことが，今の私の教室での実践に生かされていることは言うまでもありません。そして，この発表にたずさわる中で，特活を突き詰めていくためには欠かせない，３つの見方（目）があることに気がつきました。

> ①物事に対してぐっと近い視点に立ち，様々な角度で見つめる虫の目
> ②物事に対してより一段高い視点に立ち，全体を俯瞰して見る鳥の目
> ③物事を取り巻く時流の中に立ち，不易と流行を捉える魚の目

　私たちの特別活動の研究は，子どもたちのどのような成長を目指しているのか。そのために，どのような手立てが有効であると考えられ，明らかにしようとしているのか。そもそもこの研究は，どのような必要感の中で生まれてきたものなのか。今あげられる成果と課題から，今後の展望はどのように見えてくるのか。

　言ってしまえば，当たり前の視点かもしれません。しかし，**研究会での役割を通して，特活の真理を追究する一連の過程や，それに必要な姿勢を学ぶことができた**のです。

心得
51

　一期一会の出会いに感謝して，謙虚に学び続けよう。
　目の前に訪れた機会は，自分のために巡ってきたもの。
　特に，スピーカーやプレゼンターには自分から手をあげよう。

52 身の回りの生活から活動のヒントを見いだす

CHECK 特活は，学校生活そのものが教材。よりよい学校生活を築いていきたいのなら，そのヒントは，身の回りの社会を形成する人々や集団，企業などが行っている活動にある。

☑ 学校生活と日常生活をリンクさせて考える

　学校の先生という生き物には，よくも悪くも公私の境目があいまいであるという特徴があります。新聞やニュースを眺めていると，つい授業で使える小話を見つけてしまったり，家で出た空き箱などの廃材を図工用にたくさんストックしてしまったりと…。

　それは，特活でもやはり同じで，流行の TV 番組やゲームを模倣したレクを取り入れた集会を開いたり，ゆるキャラブームに乗っかって学校や学級のオリジナルマスコットをつくったりすることができます。

　これらの活動のアイデアが子どもたちから提案されれば願ってもないことですが，そう簡単なことではありません。集会のレクと言えば，休み時間とあまり変わらない遊びを行ってしまったり，進行の仕方もいつもと同じことの繰り返しになってしまったりしていることが多いでしょう。

　学ぶは真似ぶ。活動のためのヒントを，身の回りの様々な活動から見いだしてみてもよいと思います。そのためには，まず大人からその情報収集の先陣を切らなければなりません。

　官公庁や企業からは，CS 活動や生み出された流行。近隣の商業施設からは，施設内の飾りや参加型のイベント。観光施設からは，HP やチラシでのPR，季節ごとの催し。このあたりが目のつけどころです。

ゆるキャラから着想を得てつくられたクラスのマスコット

商業施設で年中行事の飾りつけを来客に参加してつくってもらう
イベントから着想を得てつくられた掲示委員会の掲示物

先人や身の回りから，学校生活をよりよくするための具体的なアイデ
アを学ぶことができる。子どもたちにそんな学びのメガネをもってほ
しいと願うなら，まずは自分がそのメガネをかけてみよう。

53 SNSから最新・多種多様な理論と実践にふれる

 SNSでは，全国津々浦々の，様々な教育理論と実践を目にすることができる。自分と同じ悩みや目標をもつ仲間を見つけることもできる学びのプラットフォームを訪れてみよう。

☑ 教員こそ学びのDX化を

　教員の研究や修養の必要性は，世間からの要請を強く感じるとともに，日々の指導の中でも，自分自身で強く感じるところです。その日1日の指導を振り返る中で「あの場面ではどのような手立てをしていたらよかったのだろう」と思い返すことも少なくありません。

　しかし，押し寄せる業務の波に，そんな悩みを同僚に話したり，書籍や論文に助けを求めたりできる時間もなかなか取れないものです。そんなときに，悩める私たちの助けになってくれるのが，学びのDX化と言えます。

　みなさんは，TwitterやFacebookをはじめとするSNSをのぞいてみたことはありますか。すでにアカウントをおもちの方は，それぞれの特徴をはじめ，どのようなコミュニティが形成されているかもご存知かもしれません。実は，様々なSNSの中では，全国の先生方による教育理論や実践の情報交換の場がだんだんと確立されつつあるのです。

　SNSを学びの場にするよさは，そのジャンルの幅広さ，情報の即時性です。学級経営や学校運営，話合い活動に集会活動など，その幅広い領域を，それぞれに通じている先生が発信されています。それだけでなく，それらに対する反応や質問，応答もすぐにあり，ダイナミックなやりとりが展開されています。みなさんもぜひ，自分に合うSNSを見つけてみましょう。

☑ 自分に合ったSNSのプラットフォームを見つける

 ＃特別活動

Twitter

140字という字数制限が心地よいSNS。投稿者が図解などを用いてわかりやすく伝えるための工夫を凝らしているのも特徴。有名な実践家の先生も多くいて，意外なつながりをもつこともできる。

Instagram

キャッチーな見た目の画像を中心に，スライド形式で様々な実践が投稿されているSNS。画像を作成する労力も相当なものではあるが，視覚優位の人にとってはうってつけの学びの場。

LINE／オープンチャット

学級経営や教材研究などを中心に，様々なオープンチャットが立ち上がっているSNS。全体公開されていないルームも多く，他のSNSでつながりをつくってから招待してもらえることがほとんど。

YouTube

文科省や国研，教育委員会をはじめ，他のSNSでも活躍する先生が動画をアップしていることが多いSNS。忙しいときでも，ながら見をするだけで学べることが盛りだくさん。

心得 **53**

学びの場所や方法が無限に広がっているのは，子どもも大人も同じ。その使い方を誤らなければ，SNSにも無限の可能性が広がっている。聞いて，聴いて，訊いて，利いてみよう。そうしたら効いてくるもの。

54 もっているスキルやデータをオープンにする

 授業実践に役立てたスキルや教材などのデータは，どんどん広めていきたいもの。自分のものをたたき台にして，さらによりよいものがつくられていったら，まさに本望。

☑ 資料を一からつくる労力は計り知れない

　特活主任になると，会議や指導のための資料をたくさん作成することになります。目指したい子どもの姿に向けて，アレンジを加えていくことも多いことでしょう。しかし，新しく必要になった資料を一からつくるとなると，その労力は計り知れません。

　そうはいっても，今日もどこかの学校で，新しい特活の資料が生み出されているはずです。もし，自治体や教育委員会，文科省などが管理するサーバーにそれらの資料が蓄積されていき，だれもがアクセスできるようになったらどうでしょう。想像しただけでワクワクしませんか。

　そんな大それたことが実現する日はまだまだ先のことになりそうですが，個人レベルなら難しいことでもありません。前述のSNSの中で，自分の実践を公開することに加えて，その指導資料もオープンにしていくだけのことです。今では，無料で使えるオンラインストレージサービスも巷にあふれています。リンクを共有するだけで，編集やダウンロードができることも魅力的です。

　私もこれまでに多くのスキルやデータを公開してきました。受け取られた方からお礼のメッセージを伝えられたときには，**「よりよいものができたら，必ず最初に私にくださいね！」**とお願いをすることも忘れてはいません。

話合い活動の経験があまりないため，準備や計画，運営の仕方を知らない子どもたちに向けて作成した資料の一部です。

　指導する教員が読んでもよい内容になっていて，初任者やメンターの先生にも役立ててもらえるはずです。

計画委員会の1週間の流れ

計画委員会がどんなことをどんな流れで行えばいいのかを考えよう。

これは，木曜日が「学活」のクラスの例だよ。

月曜日	火曜日	水曜日	木曜日	金曜日
中・長休み □議題を選ぶ 帰りの会 □議題を発表	話合いの計画と準備を進める □司会グループの役割を決める □役割担当をはっきり決める □「決まっていること」（柱）を はっきりさせる □提案用紙作成し，配布する。 □みんなの意見をもとに， 話合いのリハーサルをする	□「学活」で話合いを進める。	□話し合ったことを実行する □次の学級会の議題を集する

「今，わたしたちが一番話し合う必要がある議題は○○だと思うのですが・・・」

「ここは，質問がたくさん出そうだね」「ここは，時間をとって考えることにしよう」「こんな風に話合いをまとめていきたいね」

「月曜日には，議題ポストを開くので，それまでに提案カードを入れてください・・・」

議題を発表するとき

リハーサルをするとき

議題をぼ集するとき

　発信を続けていると，オンラインでの講師やスピーカーの話をいただくことがあります。下のスライドは，オンラインでの勉強会のために作成したものの一部です。そんな特別な機会は，まさに自分の"特活論"をアップデートする，何よりのチャンスと言えます。

特別活動では 「社会性」を育む	 原理原則を学び、 指導をデザイン	 一人でできる、 みんなともできる	人は人と人との間で育つ 環境の整備に力を注ぐ

心得 54

1人の成果をみんなの成果にしようとする考えが大切。
そして，与える人のところにこそ，学びの機会が訪れるもの。
Give & Take ではなく，Give & Give の精神で発信し続けよう。

【イラスト出典】
・イクタケマコト（2015年）『カンタンかわいい　小学校テンプレート＆イラスト
CD－ROM付　低・中・高学年すべて使える！』p.50，59（学陽書房）
※掲載にあたっては，著者権者の許可を得ています。

55 他教科・領域の主任となっても特活主任を支える

 かつて特活主任だった先生からのアドバイスや労いの言葉には，救われるもの。だからこそ，立場が変わって特活主任ではなくなっても，一番のフォロワーでありたい。

☑ 経験者の言葉ほどありがたいものはない

　はじめて特活主任を任された年は，何もわからない状態で，いつも行き当たりばったりでした。今振り返っても，本当にたくさんの先生に迷惑をかけ，助け舟を出していただいていたのだと思います。

　行き詰まって途方に暮れていたり，まわりの先生方に迷惑をかけて落ち込んでいたりすると，いつも声をかけてくださったのは，かつて特活主任を経験されたことのある先生でした。

　何をしたらよいのか，どんな工夫をしたらよいのかと悩んでいると，「そもそもこの活動は何をねらっているの？」「活動を通して，子どもたちのどんな成長を願っているの？」といった，本質に戻る問いかけをいつも投げかけてくださったのです。

　そして必ず，ご自身の経験の中での手立てとそのときの子どもの姿を語り「あなたならどうする？」と優しい目をしながら突き放すのです（笑）

　思い返しても，あの日々は本当に宝物です。

　今の自分には，あのときの先生のように経験も実力もまだまだ備わってはいません。物事を俯瞰して見ることはできないし，細部にこだわることも，流れを見極めるように見ることもできません。それでも，自分にできることをしていきたいという思いは，人一倍強くもてるようになりました。

☑ 自分の限界を自分で決めない

　特活主任を離れた今は，校内でICT教育を推進する主任をしています。それでも特活部の分掌の仲間にも入れてもらい，特活の推進にも関わることができています。幸い，向上心と学ぶ意欲にあふれる後輩たちに囲まれ，様々なことを相談してもらったり，資料を活用してもらったりしています。

　現在の特活主任の先生と席が隣であることもあり，年度のはじめや行事の折にはもちろん，日々の特別活動の機微なども意見交換をすることができています。

　そんなこともあってか，校内では，ICT教育の中で特活の力を役立てていこうとするだけでなく，特活にもICT教育の力を役立てていこうと，双方向にその関わりが行われるようになってきています。

　このように，特活主任の立場を経験したからこそ，その後の分掌や役割でも，特活を根底にした考え方の視点や視野をもてているのだと思います。

　私にとって，特活主任を通して培った，教育へのあくなき探究心と実践への推進力は，今の自分の礎となっています。そして，これからも常に学び続ける学習者でありたいと思っています。

　特活主任の仕事術は，特活主任のバトンを次の先生に渡した後も続いているのです。

心得 55

感謝と報恩の気持ちを大切にしよう。
心から感謝の気持ちをもって，これまでに受けた恩に報いようとすることで，自分のため，ひいては学校のためにもなる。

コロナ禍のピンチをチャンスに

　ちょうどこの執筆をしているころ（2022年），新型コロナウイルス感染症が終わらぬ猛威を振るい，私たちの生活にも暗い影を落としています。日常生活における過ごしにくさはもちろん，学校生活においても様々な制限が続いていて，子どもたちにも，決して満足とは言えない生活を強いてしまっていることでしょう。

　さて，私自身，学校現場で幾度かの臨時休校や学級閉鎖を目の当たりにしました。このような状況であっても，感染症予防の対策をほどこして，かつての教育活動を何とか取り戻していこうとする，教職員の先生方には本当に頭が下がります。

　しかし，ここで私たち学校教育に携わる大人には，避けて通ることのできない命題が与えられているようにも思います。

　それは，"なぜ子どもたちは学校に集うのか"ということです。

　かつてのような"子どもは当然学校に通うものだ"という観念は，もう通用しません。世の中に多様性が満ち溢れているように，学校に対して子どもたちが抱く感情もひと通りではありません。

　それでは，私たち大人は，学校というものに対して，どのような意義を見いだしていかなければいけないのでしょうか。

　私なりの答えは，"人と人とが関わり合うことで，学び高め合えるところ"というものです。コロナ禍で人と人との関わりに距離感が求められる一方で，あえてそこに集めるのであれば，その関わり合いにこそ意義を見いだしていく他ありません。子どもたちのどのような関り合いを願い，そのための手立てをどう講じていくのか。その本質に迫りながら教育活動を展開していければ，学校は今よりもほんの少し魅力的になっていくはずです。学校の在り方を再構築できるこの瞬間をチャンスと捉えられるなら，あなたは特活脳をもっている先生かもしれませんよ。

　私は大学生のころ，学業よりも何よりも「アルティメット」というスポーツに熱中していました。ところで，皆さんはこのスポーツをご存じですか？

　「アルティメット（ultimate）」とは，フライングディスク（≒フリスビー）を用いた主に屋外で行うゴール型のゲームで，プレーヤーは走ったり跳んだり投げたり捕ったりするだけでなく，その進行を自己審判制で行うという，まさに"究極"と呼ばれるスポーツです。

　日本ではまだまだメジャーなスポーツではありませんが，夏季オリンピックの公式種目入りをねらっている有力候補でもあるのです。アルティメットをあまりご存知でない方に説明をしようとするときに「フリスビーを投げて，捕って，走って…」なんて言うと，「あぁ！　犬と一緒にやる！」，違うんですよぉ…。

　さて，話が逸れてしまいましたが，"特別活動"は，まさにこの"アルティメット≒究極"そのものなのではないかと私は思うわけです。

　教科や領域に優劣をつけるわけではありません。どの学習にも働かせる見方・考え方が設定されており，学びの指導体系や系統性も確立されたものがあります。しかし，特別活動ほど，子どもたちが発揮する力やその役割，想定される学びの場面が多岐に渡る学習が他にあげられるでしょうか。

　私がかつて特別活動と出合ったばかりのころ。なんだか得体が知れなくて，それでいて学校生活の中を占める割合も大きい。正直苦手でした。

　でも，子どもたちと学校生活を過ごしていく中で，教室は担任の大人の力だけでつくるものではないんだ，子どもたちがその他の教科や学校外で学んだ得意なことや好きなことを生かして委ねていいんだと気がついたとき，苦手だったその気持ちが少しだけ楽になったことを今でも覚えています。

　きっとそれまでの私は，教室というフィールドの中で，ただ１人のプレーヤーとしてそのすべてをこなそうと躍起になっていたのでしょう。どうがんばっても１人ではディスクは前に進んでいきません。

　しかし，子どもたち全員がプレーヤーであると気づいて，様々なことを委

ねることができるようになったとき，途端に子どもたちの姿が生き生きとしだしただけでなく，こちらの想像を遥かに超えるようなファインプレーやビッグプレーを巻き起こすではありませんか。

　互いの得手不得手や顔の出しどころがよくわかっているように，軽妙なパスが続くこともあれば，一発逆転をねらったような力技のロングパスが通ることもあります。

　仲間の気持ちや考えを慮って，自らが考えて動き出す。その先で，仲間からの思いを受け取ってさらに次の仲間へとつないでいく。困ったことがあったときには一度活動を止めて話し合い，互いが納得したら再開して進めていく。活動が終わったら，互いの健闘をたたえ合ってまた次に進んでいく。

　特別活動の一連の学習過程もアルティメットのゲームの一連の過程もまさにまったく同じ。そんな考えに至ることができたとき，私は，さながらお気に入りのチームの試合を応援している常連のファンのような，そんな気持ちで子どもたちの活動を応援して励ましていくことができるようになりました。

　もちろん，熱烈なファンだからこそ選手たちにやきもきとする気持ちやふがいない気持ちを抱くこともあるでしょう。しかし，ファンであるという前提があるからこそ，先を見てポジティブに伝えることができるものです。

　委ねる心，信じる心。
　この２つが私が特別活動とアルティメットから教わった大切なものです。

　最後になりますが，読者の皆さんにはお許しをいただき，本の発刊に至るまでに私に多大なる力添えをしてくれた方々に謝辞を述べたいと思います。

　まずは，私と関わる縁があり，同じ屋根の下で学び合った小学生のあなたたち。私のすべての根底に，あなたたちとの日々があります。たくさんのことを教えてくれて，本当にありがとう。

　そして，子どもたちを学校に送り出してくれた保護者や地域の方々。子どもたちが学校でそのもてる力を遺憾なく発揮できるのは，ご家庭や地域から

の惜しみないご支援があってこそです。感謝に堪えません。

　また，同じ職場や地域の研究会で一緒に切磋琢磨し合った教職員の皆さん。皆さんと日々，語り合いながら学校を築いていけていることが私の誇りです。これからもどうか，たくさんのことを一緒に学ばせてください。

　さらに，SNSを通してつながることができたハングリーで成長ジャンキーな全国の教職員の皆さん。皆さんがいるから私も光射す方へと歩みを止めずに進み続けることができています。これからもどんどんと理論と実践の交換をしていきましょうね。

　そんなSNSで発信を続けていたどこのだれとも知らない私を見つけ出して，「55の心得」シリーズの仲間に加えてくださった明治図書出版の矢口郁雄さん。どんなときでも温かい励ましと労いの言葉をかけてくださいました。途中からは，矢口さんに褒めてもらうために原稿を書き上げていたといっても過言ではありません。このご縁に感謝申し上げます。

　最後に，かけがえのない家族。

　「パパ，お仕事がんばってね」と夜な夜な続く執筆を応援してくれたのは，長女のひなた。そんな執筆が佳境に差しかかるころに産まれたのは，長男の陽仁。そして，執筆したり，歌ったり踊ったり，泣いたりと自由奔放な家族のために，日々，奮闘してくれていた妻の亜希。家族や両家実家の支えがなければ，今の私はいないばかりか，執筆も道半ばだったことでしょう。私は幸せ者です。

　　　　　　　　　　　　　　　　皆様の未来にも幸多からんことを

　　　　　　　　　　　　　　　　　　　　　　　　　　橋本卓也

【著者紹介】
橋本　卓也（はしもと　たくや）
1989年生まれ。横浜市公立小学校教諭。千葉大学教育学部卒業。
モットーは「打ち上げ花火より，線香花火の特別活動を」。初
任校が特別活動の研究校であったことをきっかけに，特別活動
を研究の中心に据えていくことを決める。校内の特活主任を担
いながら地域の研究会の部長を務めたこともある。その経験か
ら，どの学校のどの先生にでもできる，持続可能な特別活動の
在り方を模索していきたいと考えるようになった。現在も，自
分の教室でさまざまな「あたりまえ」の改善に挑戦中。学校が，
関わる多くの人にとっての幸せを実現できる場所になりますよ
うに！

実務が必ずうまくいく
特別活動主任の仕事術　55の心得

2023年2月初版第1刷刊 ©著　者　橋　本　卓　也
　　　　　　　発行者　藤　原　光　政
　　　　　　　発行所　明治図書出版株式会社
　　　　　　　　　　　http://www.meijitosho.co.jp
　　　　　　　（企画）矢口郁雄（校正）大内奈々子
　　　　　　〒114-0023　東京都北区滝野川7-46-1
　　　　　　振替00160-5-151318　電話03(5907)6701
　　　　　　　　ご注文窓口　電話03(5907)6668
＊検印省略　　　　組版所 長野印刷商工株式会社
本書の無断コピーは，著作権・出版権にふれます。ご注意ください。

Printed in Japan　　　　　　ISBN978-4-18-014133-3
もれなくクーポンがもらえる！読者アンケートはこちらから